꿈꾸는 인생

ⓒ **생명의말씀사** 2020

2020년 2월 28일 1판 1쇄 발행

펴낸이 | 김재권
펴낸곳 | 생명의말씀사

등록 | 1962. 1. 10. No.300-1962-1
주소 | 서울시 종로구 경희궁1길 5-9(03176)
전화 | 02)738-6555(본사) · 02)3159-7979(영업)
팩스 | 02)739-3824(본사) · 080-022-8585(영업)

지은이 | 설동욱

기획편집 | 유선영, 최은용
디자인 | 김혜선
인쇄 | 예원프린팅
제본 | 정문바인텍

ISBN 978-89-04-16700-5 (03230)

저작권자의 허락없이 이 책의 일부 또는 전체를
무단 복제, 전재, 발췌하면 저작권법에 의해 처벌을 받습니다.

설동욱 목사의 신앙 칼럼

내게
능력 주시는 자 안에서
내가 모든 것을
할 수 있느니라

꿈꾸는 인생

설동욱 지음

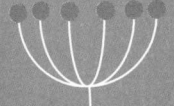
생명의말씀사

▲ 이 책을 엮으며 ▼

하나님은 꿈꾸는 인생을 사용하신다. 요셉의 꿈을 통해 애굽의 총리로 사용하셨던 것처럼 하나님은 꿈이 있는 준비된 사람을 사용하신다.

빌립보서 2장 13절 말씀을 보면 하나님은 자기의 기쁘신 뜻을 위하여 소원을 두고 행하게 하신다고 말씀하셨다. 하나님은 당신의 기쁘신 뜻을 위해 우리에게 소원을 주시는데 그것이 꿈이다. 하나님은 성령을 통해 우리에게 꿈을 심어주시는 것이다.

시속 200km가 넘는 고속철을 운행하기 위해서는 튼튼한 레일이 깔려 있어야 한다. 그래야 제 속도로 달릴 수 있다. 마찬가지로 우리 인생도 꿈을 이루기 위해 레일을 깔아야 한다. 그것이 성령의 충만함이다. 다시 말하면 성령의 사람이 되어 있어야 한다.

아무리 기발한 소프트웨어를 개발했다 할지라도 프로그램을 실행시킬 수 있는 하드웨어가 필요한 것처럼 우리 인생은 하드웨어가 준비되어야 한다. 그만큼 내공을 쌓아야 한다.

모세에게 광야 40년의 세월이 없었다면 어찌 이스라엘 백성을 가나안 땅으로 인도할 수 있었겠는가! 가나안 땅으로 가려면 반드시 광야를 거쳐야 하기 때문에 하나님은 모세를 준비시키려고 미리 광야 훈련을 하게 하신 것이다.

나에게도 젊은 날 내 삶에 박혀 있는 옹이가 있었다. 처음엔 이 옹이를 감추거나 빼버리려고 애썼지만 허사였다. 어느 날, 산에 오르다가 옹이가 박힌 멋있는 큰 나무 한 그루를 보게 되었다. 큰 나무에 박혀 있는 옹이는 햇살을 등에 업고 너무나 멋있게 빛나고 있었다. 나무에도 내공이 보였다. 그날 이후 나 또한 꿈을 가지고, 그 꿈을 이루기 위해 끊임없이 노력해 왔다. 꿈꾸는 인생을 살아온 것이다.

이 책은 지난 2015년 『겨자씨 인생』을 엮은 후 두 번째로 발간하는 칼럼집이다. 겨자씨 인생과 마찬가지로 〈국민일보〉, 〈크리스천 투데이〉, 〈리폼드뉴스〉에 발표한 것들이다. 개인적인 경험담도 있지만, 역사상 수많은 사람에게 영감을 준 예화와 감동적인 사례들을 소개한 글이다. 이 책을 통해 여러분 한 사람, 한 사람이 꿈꾸는 인생을 살았으면 좋겠다. 그리하여 인생이 더 풍요롭고 향기롭기를 기도할 뿐이다.

2020년 1월
설동욱 목사

▲목 차▼

이 책을 엮으며

1부 마음밭을 가꾸는 인생

의미 요법 | 칭찬을 아끼지 말자 | 감사가 부르는 기적 | 시각화의 힘 | 통합사고법 | 선악을 알게 하는 교육 | 백만장자 파티 | 뜻밖의 충격 | 생각의 차이 | 호박벌의 목표의식 | 나를 위한 용서 | 웃게 하시는 하나님 | 질투와 축복 | 인성도 실력이다 | 삶의 여백 | 진실한 친구 | 천천히 살아가기 | 생각의 주파수 | 혀의 이중성 | 잃어버린 감성

2부 고난으로 단단해진 인생

마디의 힘 | 바이올린과 연주자 | 행운을 불러오는 습관 | 인생의 성공 방정식 | 베르테르 효과 | 회복의 탄력성 | 의미 있는 일 | 인간의 속성 | 하나님의 저울 | 인내를 통해 거둔 열매 | 나무 위에 올라간 사람 | 문제를 응답으로 바꾸는 열쇠 | 뿌리 깊은 나무 | 영혼의 닻을 찾아서 | 순종과 긍정 | 사랑, 기술이 필요할까? | 인조인간 | 농부의 기쁨 | 패러다임의 변화 | 문명의 충돌

3부 꿈꾸는 리더의 인생

세상에서 가장 어려운 일 | 오프라 윈프리의 사명 | 설득의 리더십 | 큰 바위 얼굴 | 자녀의 본보기 | 숙면의 원리 | 자기 훈련 | 희망을 열어가는 사람 | 꿈을 먹고 살지요 | 미래의 변화를 통제할 리더 | 탈바꿈 세상 | 소통하는 리더 | 십자가로 승리하는 새해 | 인생의 거울 | 나에게 꿈이 있습니다 | 위대한 힘, 어머니! | 현대인의 멘토 | 신앙교육의 필요성 | 자기 관리 | 서로 다른 삶

4부 향기를 내뿜는 인생

영향을 주는 사람 | 사랑의 본질 | 하늘을 믿고 나는 바닷새 | 은혜를 아는 마음 | 생명의 선택 | 준비된 인생 | 생명의 빛 | 행복의 정의 | 나비의 삶 | 가짜 인생 | 미래의 거울 | 바른말과 좋은 말 | 인간의 발달단계 | 예수님만이 해답이다 | 참된 아름다움 | 스마트한 삶 | 눈높이 사랑 | 향기 나는 사람 | 최상의 삶 | 꿈꾸는 인생

**내게
능력 주시는 자 안에서
내가 모든 것을
할 수 있느니라**

1부

▼

마음밭을
가꾸는 인생

1.
의미 요법

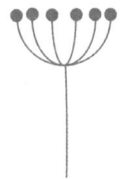

나치 수용소에 갇혔다가 살아남은 유대인 중에는 빅터 프랭클이라는 사람이 있는데 이 사람은 '의미 요법'이라는 상담요법을 만들었다.

그는 수용소에서 많은 사람이 기름 독과 가스실에서 죽어가는 것을 보았다. 그런데 당시 수용소에 갇혀 있던 사람들은 고문을 당하기도 전에 언제 죽을지 모르는 현실 앞에서 이미 죽어가고 있었다. 두려움 때문이었다.

그곳에서 프랭클은 하나님으로부터 깨달음을 얻었다. 그들이 몸은 죽일 수 있어도 영혼까지 죽일 수는 없다는 것이었다. 그는 이것을 깨닫고 주변 사람들에게 소망을 가지라고 말해주었다.

"오늘을 살아가는 것은 놀라운 하나님의 은총이니 하나님을 바라보고 소망을 가지세요."

놀랍게도 프랭클과 같이 미래를 바라보고 소망을 가졌던 사람들은 살아남게 되었다. 그 후 그는 '의미 요법'을 연구했다.

인간은 의미, 소망, 꿈을 가지면 살 수 있지만, 의미를 잃어버리면 죽는다는 것이 의미 요법이다. 다시 말하면 참 소망이 우리를 살려낸다는 것이다.

"소망의 하나님이 모든 기쁨과 평강을 믿음 안에서 너희에게 충만하게 하사 성령의 능력으로 소망이 넘치게 하시기를 원하노라"(롬 15:13).

소망 가운데 사는 우리가 되었으면 좋겠다.

2.
칭찬을 아끼지 말자

 동물을 교육할 때 가장 효과적인 방법은 조련사가 시키는 대로 잘할 때마다 칭찬하고 좋아하는 먹이를 주는 것이다. 동물들도 칭찬하지 않고 야단을 치면 기가 죽어서 자꾸만 사람의 눈을 피하게 되고 자신감을 잃게 된다. 이처럼 칭찬은 긍정적인 에너지를 내기 때문에 사람이나 동물이나 칭찬을 아끼지 않는 것이 좋다.

 '노시보 효과'라는 것이 있다. 어느 집단의 사람들에게 아무 약효가 없는 약을 투여하면서 두통을 일으키는 약이라고 했더니 실제로 70%가 두통을 일으켰다고 한다. 사람은 부정적인 감정과 사고를 갖게 되면 뇌가 부정적인 이미지를 만들어낸다. 그리고 이러한 부정적인 이미지는 실제의 삶에서 부정적인 행동을 낳는다.

그런데 부정적인 감정을 긍정적인 감정으로 바꾸는 것이 바로 칭찬이다. 부정적인 감정은 사고의 폭을 좁히지만, 긍정적인 감정은 사고를 확장하기 때문에 창의적으로 문제를 해결할 수 있는 능력이 생긴다.

 칭찬은 삶에 만족을 주는 요인이다. 초등학교 사생대회에서 선생님께 들은 칭찬 때문에 화가가 된 사람도 있다. 누군가 자신을 인정해 주면 그 일을 하는 데 불만을 느끼지 않게 되어 최선을 다하고 몰입함으로써 위대한 성과를 나타낸다. 2020년 새해에는 칭찬을 통해 삶이 더 활기차고 밝은 한 해가 되었으면 좋겠다.

3.
감사가 부르는 기적

사람이 얼마나 행복한가는 감사의 깊이에 달려있다. 일본의 '다마고보로'라는 과자를 만드는 다케다 회장은 최고 품질의 과자를 만들기 위해 기발한 생각을 했다. 과자를 만들 때 "감사합니다!"를 외치게 한 것이다.

제품 속에 직원들의 정성과 행복한 마음을 불어넣기 위해서였다. 비록 말을 할 수 없는 생산품이지만 마음을 부여하여 소통하면서 좋은 기운을 불어넣었다. 그뿐 아니라 1시간 동안 '감사합니다'라고 말한 직원에게는 급여와는 별도로 8천 원의 상여금을 지급했다.

그는 공장에 '감사합니다'라고 녹음한 테이프를 생산 시간 내내 틀어놓았다. 제품이 출하될 때까지 수만 번의 '감사합니다'라는 말을 듣고 만들어진 '다바고보로'는 그의 탁월한 발상으로 고객의 입맛뿐만 아니라 마음마저 사로잡아 시장 점유율 60%가 넘었다고 한다.

세상에서 제일 행복한 사람은 가장 많이 가진 자가 아니라 가장 많이 감사하면서 사는 사람이다.

성경을 보면 하나님은 감사하는 자에게 복을 주시고 교만한 자의 손에서는 복을 거두시겠다고 말씀하신다. 사람의 향기는 감사하는 마음에서 시작되기 때문이다.

어떤 아름다운 것도 감사를 제거하면 향기가 없어지는 것처럼, 감사하는 마음이야말로 우리의 삶을 풍요롭게 하는 윤활유다.

4.
시각화의 힘

생생하게 꿈꾸면 이루어진다. 오늘날 명품 화장품 회사 CEO인 에스테 로더는 젊은 시절 어느 부자 동네 미용실에 들렀다가 큰 모욕을 당했다.

에스테 로더가 미용실에서 만난 한 부잣집 마님에게 말했다. "어머! 블라우스가 너무 예쁘네요! 도대체 이걸 어디서 사셨어요?"

그러자 부잣집 마님이 "자네가 알아서 뭘 해? 어차피 자네 같은 가난뱅이는 평생 손도 못 댈 텐데…." 하면서 핀잔을 주었다.

그는 대꾸도 못 한 채 울면서 미용실을 뛰쳐나왔다. 그리고 마음속 깊이 다짐했다. '앞으로는 절대 가난뱅이라는 말은 듣지 않을 거야.'

에스테 로더는 성공을 맹세했다. 성공한 사람들을 철저히 연구했고 마침내 성공을 불러들이는 내면의 힘을 얻는 방법을 터득했다. 그는 성공을 끌어들이는 에너지를 갖는 방법에 대해 이렇게 말했다.

"먼저 당신의 꿈을 시각화하고 마음의 눈으로 이미 성공한 모습을 마음속에 그리고 사십시오."

그는 자신의 화장품이 어마어마한 판매량을 달성하는 모습을 꿈꾸었다. 그 결과 20세기의 세계적인 화장품 회사 에스테 로더 사의 주인이 되었다. 이처럼 시각화의 힘은 엄청난 능력을 지닌다. 성경의 인물 중에서도 야곱과 요셉은 시각화의 힘을 통해 큰 인물이 되었다.

5.
통합사고법

우리가 인생을 살다 보면 처리해야 할 여러 가지 크고 작은 일들이 있다. 그러나 지혜로운 사람은 무엇을 먼저 해야 하는지 삶의 우선순위를 알고 있다. 상자에 크고 작은 돌들을 가득 채워야 할 때, 지혜로운 사람은 가장 먼저 큰 돌을 넣는다. 그리고 작은 돌들로 빈 곳을 채운 다음, 흙을 채우면 빈틈없이 채울 수 있다.

그러나 반대로 흙과 작은 돌을 먼저 채우면, 그 다음에 큰 돌을 채울 공간은 없어진다. 이처럼 요즘 현대인들은 너무나 바쁘게 살아가고 있지만, 채워지지 않은 마음의 공간이 있다. 그래서 누군가에게 집착하려 하고 남을 비난하는 데 익숙하다.

지혜로운 사람은 자기 자신을 아는 사람이다. 나의 본질을 먼저 생각하고 한계와 분수를 알며 겸손할 줄 안다. 내가 할 수 있는 일과 할 수 없는 일, 가질 수 있는 것과 가질 수 없는 것, 변하는 것과 변하지 않는 것을 분별할 줄 안다. 그래서 먼저 할 것과 나중 할 것을 구별하게 되는 것이다.

"너희는 먼저 그의 나라와 그의 의를 구하라 그리하면 이 모든 것을 너희에게 더하시리라"(마 6:33). 먼저 할 것과 나중에 할 것을 구분하는 사고법, 그것이 바로 '통합사고법'이다. 이것을 선택하면 저것도 되는 지혜로운 삶이 바로 그리스도인의 삶이다.

6.
선악을 알게 하는 교육

요즘 부모에 의한 아동학대와 끔찍한 범죄가 이슈화되고 있다. 이런 반인륜적인 범죄를 보면서 우리는 무엇을 생각해야 할까? 인성교육이다. 사람이 사람답게 살아가는 방법이 있는데 그것은 교육이다. 하나님도 사람을 만드시고 가장 먼저 하신 일이 교육이었다. "선악을 알게 하는 나무의 열매는 먹지 말라"(창 2:17)고 교육하심으로써 죽는 길과 사는 길을 가르쳐 주셨고, 사람이 해야 할 일과 해서는 안 될 일을 교육하셨다. 교육이 없으면 우리 인간도 동물처럼 살아갈 것이다.

요즘 우리나라 부모들의 교육열은 유대인의 교육열을 무색하게 하고 있다. 자녀교육은 태교에서부터 시작되며, 아이가 걸음마를 하는 순간부터 영재교육 프로그램이 기다리고 있다. '어떻게 하면 일류학교에 들어가게 할까?'에만 집착한 입시 위주의 교육은 인성을 자라지 못하게 한다. 그러나 하나님의 교육은 단순한 지식 교육이 아니다. 사람을 이해하고 사랑하도록 하는 인성 교육이다. 몸으로 부딪쳐서 상대를 배려하고 성품과 인격을 갖추어 사람다운 성품을 기르는 교육이 하나님의 교육이다.

사람을 평가할 때의 기준은 업적과 인격이다. 업적은 시간이 지나면 퇴색되기 마련이지만, 인격으로 평가받은 사람은 세월이 지날수록 그 가치가 더욱 빛나게 된다. 나에게 고난을 주는 그것이 나에게 아픔만 주는 것은 아니다. 고난을 긍정적인 생각으로 받아들이면 나를 돌아보게 하는 진정한 가르침이 되어 돌아올 것이다.

7.
백만장자 파티

성공학의 나라 미국에서는 성공학에 심취한 사람들끼리 모여서 미래의 백만장자 칵테일 파티라는 것을 연다. 형식은 보통 칵테일 파티와 같다. 칵테일을 마시며 친목을 도모하고 인간관계를 넓혀 나간다. 좀 특이한 점은 참가자들이 실제로는 백만장자가 아닌데 파티가 진행되는 내내 자신을 백만장자라고 소개하고 그렇게 행동한다는 것이다.

예를 들어 한 사람이 "저는 이번에 무슨 사업으로 백만 달러를 번 아무개입니다."라고 하면 사람들이 감탄하면서 질문한다.

"혹시 백만 달러를 버는 중에 위기 같은 것은 없었습니까? 그 위기를 어떻게 벗어났는지 얘기해 주세요."

그가 이에 대해 설명하면 사람들은 그의 말을 경청하고 존경의 표시로 손뼉을 친다. 그리고 또 질문한다.

"그 백만 달러를 어떻게 쓰고 있나요? 저는 아무개 봉사단체인데 재단에 기부를 좀 해 주실 수 있습니까?"

그는 흔쾌히 응하면서 수표책을 꺼내 10만 달러라고 쓴 뒤 모금함에 넣는다. 그러면 사람들은 우레와 같은 박수를 보내면서 그의 선행을 칭찬한다.

그야말로 미래의 자신의 모습으로 참석하는 파티이다. 자신의 성취에 대해 발표하고, 다른 참석자들로부터 꿈을 이룬 비결에 대해 질문도 받고 대답한다.

사람들은 이렇게까지 해야 할 필요가 있느냐고 말할지도 모른다. 그러나 이러한 훈련을 통해 자신의 꿈을 각인시키면 먼저 자신의 그릇이 달라질 뿐 아니라 삶에 엄청난 변화가 일어나게 된다고 한다.

8.
뜻밖의 충격

1961년 독일의 나치 히틀러 잔당들에 대한 전범 재판이 있었다. 유대인들을 600만 이상 죽였던 자들이 줄줄이 나와 재판을 직접 받는데 이 재판이 세계인의 이목을 끌었다. 전범 중에 히틀러의 참모였던 아이히만이라는 사람이 있었다. 그리고 증인으로 아우슈비츠 교도소에서 고문을 당하고 살아남은 디모르라는 사람이 있었다. 재판관이 증인에게 물었다.

"저 사람이 그 악독한 아이히만이 맞습니까?"

증인 디모르는 아이히만을 한참 뚫어지게 쳐다보더니 그 자리에서 기절해 버렸다. 한참을 지나 디모르는 깨어났고 재판관이 그에게 물었다.

"왜 졸도했습니까? 과거의 악몽이 되살아나서입니까? 아니면 분노 때문입니까?"

그러자 그는 이렇게 대답했다.

"아닙니다. 제가 가만히 그 사람을 쳐다보니 그가 너무 평범한 사람이라는 데 충격을 받았습니다. 저렇게 평범한 사람이 죄 없는 우리 민족을 수없이 죽이고 고문한 사람이라는 것에 충격을 받았습니다. 그렇다면 저 자신도 아이히만이 될 수 있겠다는 생각에 충격을 받았습니다."

인간은 항상 변할 수 있는 존재다. 더 악하게 변할 수 있는 것은 악한 세력이 세상을 지배하고 있기 때문이다. 만물 중에 가장 부패한 것이 인간의 마음이다. 성경은 말한다. "만물보다 거짓되고 심히 부패한 것은 마음이라 누가 능히 이를 알리요"(렘 17:9). 그러므로 우리는 무릇 지킬만한 것보다 더욱 마음을 지키며 살아야 한다.

9.
생각의 차이

　피카소와 반 고흐는 비슷한 재능을 가진 화가였지만 극과 극의 인생을 산 사람이다. 피카소는 성공의 표본처럼, 반 고흐는 실패의 표본처럼 살았다. 그 결과 피카소는 30대 초반에 이미 백만장자가 되었지만, 고흐는 평생 가난한 삶을 살았다. 그의 그림은 사람들의 이목을 끌지 못했다. 그러나 어떤 면에서는 고흐가 더 위대한 재능을 가졌다고 볼 수 있다.

　피카소는 아버지의 철저한 교육과 후원으로 네 살 때부터 그림을 그렸지만, 고흐는 27세부터 그림을 그렸다. 스승이나 인도자도 없었다. 고흐는 어둡고 부정적인 상상력을 가졌고 피카소는 밝고 긍정적인 상상력을 가졌다. 피카소도 한때 무명시절이 있었지만, 그가 마음속으로 그린 그림은 부와 명예를 한 손에 거머쥔 자신의 모습이었다. 그리고 "나는 그림으로 억만장자가 될 거야."라고 말했다.

반면 고흐는 쓸쓸하게 사라지는 자신의 모습을 그렸다. 가난과 병으로 고통받으며 살다가 비참하게 죽는 모습이었다. 그는 평소에 늘 이렇게 말했다. "나는 돈과는 인연이 없는 사람이야."

그 결과 피카소의 그림은 그가 살아 있는 동안에도 엄청난 가격으로 팔렸다. 그러나 고흐의 작품은 그가 죽은 후에야 비로소 세상에 알려져 제값을 받게 되었다. 잠재의식을 끌어당기는 힘은 긍정의 에너지일 때는 자석처럼 달라붙는다. 그러므로 우리의 의식 속에 좋은 생각을 가득 채워야 한다. 긍정적인 당신의 생각이 삶을 더 복되고 아름답게 만들어줄 것이기 때문이다.

10.
호박벌의 목표의식

 사람마다 가치관이 다르듯이 사는 모습도 다르다. 처음에는 서로 다른 것이 매력으로 다가와 결혼도 하지만, 함께 살면서는 서로 다른 것이 불편함이 되어 갈등을 가져오기도 한다. 중요한 것은 서로 다름을 인정하고 같은 곳을 바라보면서 믿음으로 사는 것이며, 이러한 삶이 가장 행복한 삶이 아닐까 생각한다.

 『가슴 뛰는 삶』이라는 책에 호박벌에 관한 이야기가 나온다. 호박벌은 세상에서 가장 부지런한 곤충이라고 할 수 있다. 꿀을 따 모으기 위해 아침부터 저녁까지 쉬지 않고 일주일에 1,600km를 날아다닌다. 이 벌은 크기가 고작 2.5cm밖에 안 되는 작은 체구를 가졌지만 이 호박벌이 엄청난 거리를 날아다니는 데는 이유가 있다.

호박벌은 역학적으로 잘 날 수 없는 체구임에도 자신이 그런 몸을 가졌다는 사실을 인식하지 못한다. 오직 꿀을 따서 모으겠다는 분명한 목표만 가지고 있을 뿐이다. 그래서 호박벌은 날아야 했고 날기 시작한 것이다.

우리는 이 호박벌의 삶에서 귀한 교훈을 얻을 수 있다. 내 처지를 바라보고 낙심할 것이 아니라 분명한 목표를 정하고 그 목표를 향해 믿음으로 달려가야 한다는 것이다. 비록 내 귀에 들리는 것이 없고 내 손에 잡히는 것이 없어도, 사랑하는 자를 위해 분명히 좋은 것으로 예비하실 하나님을 바라보며 열심히 달리다 보면 바라는 것이 나에게 실상으로 다가올 것이기 때문이다.

11.
나를 위한 용서

 한 자매가 신분 상승을 꿈꾸면서 부잣집 아들과 결혼을 했다. 그런데 시어머니로부터 말끝마다 "거지 근성은 버릴 수 없다."라는 면박을 받았다. 그 자매는 신분 상승은커녕 큰 상처를 입고 살아가면서 자신도 모르게 부정적 자아상을 갖게 되었다. 그래서 시댁 식구들을 만나는 것이 죽기보다 싫었고 남편과의 사랑도 점차 식기 시작했다. 급기야 사람을 만나는 것도 싫어지고, 시어머니를 죽이고 싶었다.

 그러던 어느 날 길에서 복음 전도지 한 장을 받게 되었다. '용서와 화해'라는 제목의 말씀이었다. 그 말씀 가운데 "용서는 선택이다. 용서는 용서하지 않았을 때의 처참한 결과로부터 자신을 풀어주는 것이다."라는 내용이 있었다. 그 자매는 이 말에 전율을 느꼈다. 자신을 위해 용서해야 한다는 사실을 깨달은 것이다.

그날 이후, 그 자매는 시어머니를 용서하기로 했다. 그런데 마음처럼 용서가 쉽게 되는 것이 아니었다. 보기만 해도 미움이 치솟았기 때문이다.

용서하는 법과 화해하는 법은 배워야 한다. 용서는 인생을 부정에서 긍정으로 바꾸는 활력소이기 때문에 내 자아가 긍정적으로 바뀌지 않으면 불가능하다. 그래서 훈련이 필요하다.

베드로가 예수님에게 형제가 죄를 범했을 때 일곱 번 용서해야 하느냐고 묻자, 예수님께서는 일곱 번씩 일흔 번이라도 용서하라고 말씀하셨다. 이 말씀은 형제를 끝까지 용서하라는 말씀이다. 그 이유는 상대를 위해서가 아니라 나를 위해서이다.

12.
웃게 하시는 하나님

요즘 현대인들은 점점 웃음을 잃어버리고 산다. 너무나 바쁘고 빠르게 변하는 사회에 적응하느라 엄청난 스트레스를 받기 때문이다.

그래서인지 요즘은 웃기는 사람이 가장 인기가 높다. 강의도 재미있게 해야 최고의 교수로 인정받고, 목사도 설교를 웃기면서 해야 성도들이 은혜를 받는다. 개그맨이나 출연자들도 텔레비전에 나와서 웃기지 못하면 다음에는 불러주는 곳이 없다. 상대를 웃길 수 있다는 것은 현대인에게는 또 하나의 실력이다.

훌륭한 유머는 마음과 몸을 건강하게 해 주는 강장제라고 한다. 그야말로 최고의 해독제다. 왜 그럴까? 웃음은 하나님의 속성이기 때문이다.

하나님이 인간을 창조하신 후 머물게 하신 곳이 에덴이다. 왜일까? '에덴'이 곧 '기쁨'이요, 이곳이 낙원이기 때문이다.

사람과 동물의 다른 점은 사람은 웃을 수 있다는 것이다. 동물은 울기는 해도 웃지는 않는다. 하나님께서 인간을 창조하신 목적은 하나님의 영광을 위해서다. 그런데 하나님은 우리가 하나님의 영광을 위해 살 때 웃으면서 살기를 원하시기에 인간에게 웃을 수 있게 하신 것이다.

자식이 없어 슬퍼하는 사라를 웃게 하신 이도 하나님이시다. 오직 하나님 안에서만이 참된 희락이 있다. 그러므로 하나님의 자녀인 우리는 항상 웃으며 기뻐하는 삶을 살아야 한다. 이것이 하나님의 뜻이다.

13.
질투와 축복

 '질투는 나의 힘'이라는 시는 천재 시인 기형도의 시다. 그는 1960년에 태어나 30살의 나이로 세상을 떠난 사람이다. 그의 이 시는 교과서에도 실릴 만큼 유명하다. 이 시에서 그는 젊은 날 자신의 희망은 질투뿐이었고, 단 한 번도 자신을 사랑하지 않았노라고 고백했다. 결국 그의 인생은 짧게 끝나고 말았다.

 질투는 자신을 사랑하지 않는 사람이 하는 것이다. 옛사람들은 '질투'를 칠거지악의 하나로 생각했다. 그만큼 질투는 본인도 불행하게 만들고 상대방도 힘들게 한다. "질투는 많은 사람을 가난하게 만든다."라는 말이 있다. 내가 질투를 하면 내 속에 있는 잠재의식이 부정적인 감정으로 받아들이기 때문이다.

가난한 사람의 지배적인 감정은 '질투'이다. 그들은 누가 잘 되는 것을 질투하고 불평한다. 자신이 부자가 되려면 다른 사람의 부를 축복해 주어야 한다. 이것이 자신에게 부를 불러오는 방법이다.

성경에서 하나님을 '질투하는 하나님'이라고 말하는 때가 있다. 하나님의 자녀들이 우상을 섬기거나 영적으로 잘못되고 있을 때이다. 그때 하나님의 마음에 질투의 불이 일어나는 것을 성경에서 보게 된다. 우리가 질투해야 하는 것은 사랑하는 자들이 우상을 섬길 때이다. 그 외에 다른 사람들이 잘 되는 것은 마음껏 축복해 주어야 한다. 그것이 나에게 복을 불러온다.

14.
인성도 실력이다

요즘은 인성도 실력이라고 말한다. 아무리 실력이 좋아도 인성이 잘못되어 있으면 사회에서 인정받지 못하기 때문이다. 현대사회는 사람의 머리에서 나오는 아이디어와 기술 발명이 중심이 되는 사회요, 정보가 성패의 우열을 가리는 정보화 시대라고 한다. 그래도 중요한 것은 인성이다. 그 이유는 관계성 때문이다.

우리나라는 구조학적으로 서구사회와 매우 다르다. 대화에서도 영어는 'Yes'나 'No'를 정확하게 함으로써 기술적인 언어를 통해 효율성을 구하지만, 우리나라는 소통을 목적으로 대화한다. 옳고 그름이 문제가 되는 것이 아니라 내 말을 들어주는지 아닌지를 더 중요하게 생각한다.

시스템 대신 사람을 중시하는 것이 한국인의 특징이다. 과거에 함부로 했던 행동들이 지도자가 되면서 수면 위로 떠올라 어려움을 겪는 사람들이 너무나 많다. 요즘 우리나라 기업의 입사시험에서도 스펙과 경력은 통과되었지만 인문학적 소양이 부족해서 떨어지는 경우가 종종 있다. 인성이 그만큼 중요하기 때문이다.

인성은 인문학적인 강의나 책을 통해서도 쌓을 수 있지만, 하나님의 말씀 안에 있을 때 가장 빛난다. 잠언 4장 23-24절을 보면, "모든 지킬 만한 것 중에 더욱 네 마음을 지키라 생명의 근원이 이에서 남이니라 구부러진 말을 네 입에서 버리며 비뚤어진 말을 네 입술에서 멀리 하라"고 말씀하신다. 영성은 곧 인성이기 때문이다.

15.
삶의 여백

요즘 우리나라에는 지진이 종종 일어나는데, 이전까지 지진이 없었던 경주 근교에서만도 여러 번 일어나고 있다. 이로 인해 우리나라도 지진의 위험에서 완전히 벗어날 수 없음을 깨닫게 하고 있다. 안전 불감증에 익숙해 있는 우리 민족에게는 엄청난 경고의 메시지다.

어떤 사람이 지진을 경험한 후, 삶이 완전히 바뀌었다는 말을 들었다. 비우고, 버리고, 여백을 즐기는 삶을 살아야겠다고 생각한 것이다. 내 인생에서 꼭 필요한 사람이 아니거나 반드시 있어야 할 것이 아니라면 정리하고 있다는 것이다. 이제는 삶의 여백을 누리면서 단순하게 살겠다는 이야기를 들었다.

사실 그렇다. 현대인들이 모두 바쁘게 살면서 과부하가 걸려 스트레스를 받고 있지만, 꼭 필요하지도 않은 것으로 인해 바쁘게 살고 있다. 그래서인지 요즘은 사업하는 사람도 아니면서 너무 바쁘다는 핑계를 대는 사람은 별 볼 일 없는 사람으로 치부한다. 그만큼 자기 정리가 안 된 사람이기 때문이다.

지혜로운 사람은 오늘 당장 죽음이 나를 부른다고 해도 두려워하지 않을 만큼 후회 없는 삶을 사는 사람이다. 더 좋은 다음 세상이 기다리고 있음을 알고 죽음을 미리 준비하고 십자가의 삶을 사는 사람들이다. 십자가의 삶이란, 위로는 하나님을 사랑하면서 희생적인 삶을 살고, 세상에서는 이웃을 사랑하며 섬기는 삶이다.

16.
진실한 친구

대학에서 강의까지 하던 분이 스스로 자기 목숨을 끊었다. 갑작스러운 죽음으로 장례식장에 많은 사람이 몰려왔다. 그곳에 모인 그의 친구 중에는 새벽 두 시에 그의 전화를 받은 사람이 4명이나 있었다. 그런데 아이러니하게도 그의 통화를 흔쾌히 받아준 사람은 아무도 없었다. 그들은 싸늘하게 식어버린 친구의 죽음을 앞에 두고 말했다.

"만약 나라도 그때 전화를 받았으면 어땠을까?"

그 일이 있고 난 뒤 만약 내가 새벽 두 시에 전화했을 때 전화를 흔쾌히 받아주고 뛰어 나와줄 친구가 몇 명이나 있는가를 묻게 되었다는 것이다.

서울대학교 문형민 박사는 "자신의 속내를 마음껏 드러낼 수 있는 진실한 친구 한 명만 있어도 그 사람은 불행하지 않다."라고 말했다.

그만큼 친구라는 존재는 소중하다. 나와 진정한 소통을 이루고 함께 공감할 수 있는 친구, 그런 친구가 반드시 있어야 한다.

사회적 유대가 고립될수록 그 사회구성원들의 건강은 더욱 나빠지고 사망률이 높아진다. 노인들을 요양원에 모셔다 놓으면 빨리 죽는 이유가 이것이다. 그 속에서는 건강한 유대관계가 이루어지지 않기 때문이다.

요한복음 15장 15절에는 예수님께서 나의 친구가 되어주신다고 말씀하셨다. 변함없이 진실한 친구이신 주 예수님을 친구로 얻은 자야말로 세상에서 가장 행복한 사람이다.

17.
천천히 살아가기

  LTE 시대의 현대인들은 속도의 경쟁 속에 살아가고 있다. 그러다 보니 세대 간의 소통은 물론, 어른들은 현시대에 적응조차 하지 못하고 있다. 그래서인지 요즘은 아미쉬 공동체에 관심을 두는 사람들이 점점 많아지고 있다.

  아미쉬는 미국이라는 최첨단 현대 산업 문명 사회의 한복판에서 전기, 전화, 신문 등 모든 과학 문명의 이기를 버리고 농사와 더불어 자연 속에서 공동체 생활을 하는 사람들이다. 어떻게 보면 시대에 뒤떨어진다고 여길 수 있지만, 산업사회가 만들어낸 숱한 문제들을 겪지 않고 인류가 살아남을 수 있는 대안이기도 하다.

  그들은 종교인들도 아니다. 단지 신념에 찬 생활을 할 뿐, 가정과 건강을 살피는 데 더 중점을 둔다. 자동차 대신 마차를 끌고 다니는 등 문명의 편리함을 외면한 채 자연 속의 삶을 누리고 있다.

그들이 주목받고 있는 이유가 있다. 그 이유는 도덕적인 삶 때문이다. 미국의 북 어워드(Book Award)의 엔젤상 수상작으로 『아미쉬 공동체』라는 책이 뽑히기도 했다. 이들의 삶은 속도와 경쟁 속에서 살아가는 우리 현대인들에게 한 번쯤 생각해 보게 하는 삶인 것 같다.

부탄이라는 작고 못사는 나라가 행복지수 1위라는 것을 생각해 보면, 자연에서 비움과 나눔을 배우고 그와 더불어 삶을 공유하면서 살아가는 것이 인간의 원초적 모습일지도 모른다.

18.
생각의 주파수

 대부분의 사람은 생각에도 주파수가 있다는 사실을 이해하지 못한다. 생각은 측정할 수 있다. 따라서 한 가지 생각을 하고 또 하면 주파수가 생긴다. 예를 들어 자신이 새 차를 운전하는 모습, 또는 성공했을 때의 모습이 어떨지 계속 상상한다면 그 생각에 해당하는 주파수의 파장을 계속 방사하는 셈이다.

 존 바이텔리 박사는 말하기를 "생각은 자기 신호를 전송하여 비슷한 것이 되돌아오게 끌어당긴다."라고 했다. 또한, 찰스 해낼도 "생각이나 마음가짐은 자석처럼 비슷한 것을 끌어당기는 법이므로 마음가짐이 어떠한가에 따라 그에 어울리는 조건이 나타날 수밖에 없다."고 말했다.

 생각은 자석이고 생각에는 주파수가 있다. 당신이 생각할 때 그 생각은 우주로 전송되어 같은 주파수가 있는 비슷한 것들을 자석처럼 끌어당긴다. 그리고 모조리 원점으로 되돌아가는데 그 원점이 바로 당신인 것이다.

당신은 인간 송신탑이고 당신이 보내는 전파는 당신의 인생과 이 세상을 만들어 낸다. 그리고 그 모든 일이 바로 당신의 생각으로 일어난다. TV 화면이 아니라 바로 당신의 인생에 나타나는 것이다. 그러므로 인생을 바꾸고 싶다면 여러분의 생각을 바꿔서 주파수의 채널을 바꾸기 바란다.

풍요롭게 사는 모습을 상상하면서 끌어당김의 법칙을 활용하면 자신의 삶을 의식적으로 창조할 수 있기 때문이다.

19.
혀의 이중성

유대인의 성경이라고 불리는 탈무드에 보면 이런 이야기가 있다. 왕이 어느 날 두 신하를 불러 세상 가운데로 내보내면서 한 사람에게는 세상에서 가장 악한 것이 무엇인지 알아 오라고 하고, 다른 한 사람에게는 세상에서 가장 선한 것이 무엇인지 알아 오라고 했다.

얼마 후 두 사람 중 한 사람이 왕에게 와서 보고하기를, 세상에서 가장 악한 것은 혀라고 했다. 세 치 혀가 사람을 죽이는 것을 보았다는 것이다. 그런데 또 다른 한 사람이 왕에게 와서 보고하기를, 세상에서 가장 선한 것은 혀라고 했다. 세 치 혀가 사람을 살리는 것을 보았다는 것이다.

이처럼 세상의 모든 것들은 이중성이 있다. 좋은 점과 나쁜 점이 함께 공존한다. 내가 어떻게 사용하느냐에 따라 선한 것이 되기도 하고 악한 것이 되기도 한다. 노벨이 발명한 다이너마이트는 폭발물로서 건축물을 헐고 다시 지을 때 필요한 발명품이었다. 그러나 이것이 악한 자들의 손에 들어가니까 전쟁을 일으키는 무기로 사용되었다.

이런 것을 보면 선과 악은 순간적인 자신의 선택임을 알 수 있다. 성경은 말한다. "혀는 능히 길들일 사람이 없나니 쉬지 아니하는 악이요 죽이는 독이 가득한 것이라 이것으로 우리가 주 아버지를 찬송하고 또 이것으로 하나님의 형상대로 지음을 받은 사람을 저주하나니 한 입에서 찬송과 저주가 나오는도다"(약 3:8-10).

20.
잃어버린 감성

요즘은 카페에서도 하나같이 스마트폰을 보고 있다. 어떤 사람은 스마트폰으로 야구 중계를 보고, 어떤 사람은 게임을 하고, 무엇인가를 검색하기도 한다. 앞에 사람이 앉아있어도 혼자서 너무나 잘 놀고 있는 풍경들이다.

일본의 한 시인은 "휴대전화를 가진 이후로 극도의 외로움에 빠졌다."라고 고백한 시를 쓰기도 했다. 아날로그 시대에는 사람과의 만남을 통해 정을 쌓아 갔지만, 요즘은 컴퓨터나 전자 기계가 만남을 대신하고 있다. 병원에 가면 수술조차도 로봇이 대신하는 세상, 그야말로 우리는 알파고 인생을 사는 것이다.

인간이 동물과 다른 점은 생각하는 것이다. 생각을 통해 창의성을 갖게 되고 생각을 통해 삶의 여백도 생기게 된다. 그러나 과학기술문명으로 인한 사이버 시대는 생각하지 않는 인간으로 전락하게 만든다. 굳이 외우지 않아도 검색으로 지식을 습득할 수 있는 세상, 굳이 어른들에게 묻지 않아도 기계가 다 대답해주는 세상에 살고 있다. 그러니 당연히 어른들에 대한 공경은 사라지고 젊은이들의 눈에 비치는 어른들은 그저 시대에 뒤떨어지는 꼰대로 보일 뿐이다.

성경 히브리서 3장 1절을 보면 "예수를 깊이 생각하라"라고 말씀하신다. 신앙인은 골방에서의 시간이 있어야 한다. 나 자신과 만나는 시간이 필요하다. 사람은 깊은 생각을 통해 통찰력을 얻게 되기 때문이다.

**내게
능력 주시는 자 안에서
내가 모든 것을
할 수 있느니라**

2부

고난으로
단단해진 인생

21.
마디의 힘

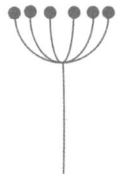

드럼통은 처음엔 양철로 둥글게 만들어졌다. 그러다 보니 외부의 조그만 충격에도 견디지 못하고 터질 때가 많았다. 그러자 어떤 사람이 대나무의 마디를 보면서 아이디어를 얻어 드럼통 옆에 대나무의 마디처럼 주름을 몇 개 넣었다. 그랬더니 옆에서 받는 충격에도 강하게 견뎠고 옆으로 굴려도 마디가 바퀴의 역할을 해서 이동하는 데도 불편함이 없었다.

우리가 인생을 살다 보면 강하고 곧게만 자랄 수는 없다. 하나님께서 대나무의 마디를 만드신 것처럼 나의 기를 꺾으실 때가 있다. 그 이유는 하나님께서 나를 사용하시기 위해서다. 송아지가 어느 정도 자랄 때까지는 자유롭게 놓아두고 먹이지만 일단 때가 이르면 주인은 송아지의 기를 꺾는다. 만일 송아지의 기를 꺾지 않으면 그 송아지는 영영 쓸모없게 된다.

그래서 송아지의 코를 뚫어 멍에를 메고 주인의 명령에 따라 논밭을 갈게 한다.

망아지도 마찬가지이다. 망아지를 훌륭한 준마로 만들기 위해서는 반드시 그 망아지의 기질을 꺾어 놓아야 한다. 마찬가지로 하나님도 야생마 같은 인간을 환란과 고통을 통해 꺾으실 때가 있다. 그래서 우리에게 인생의 마디가 생기게 한다.

모세가 이스라엘 백성을 인도하여 가나안 땅으로 떠나기 전, 하나님은 40년 동안 광야에서 그를 꺾으셨다. 마디가 생기게 하기 위해서다.

당시는 괴롭고 아프지만 한 템포 늦추어 자신을 돌아보면 내공이 쌓인 성숙한 사람이 될 것이기 때문이다.

22.
바이올린과 연주자

오스트리아의 작은 마을에 벼룩시장이 열렸다. 이곳에서 먼지가 가득한 바이올린이 경매에 올랐다. 그러자 이 바이올린을 3달러에 사겠다는 사람이 나왔다. 그런데 한 노인이 손을 들더니 그 바이올린을 한번 연주해 봐도 되겠냐고 물었다.

그 노인은 바이올린의 먼지를 닦고 줄을 조율한 후 멘델스존의 바이올린 협주곡을 매우 아름답게 연주했다. 그 연주는 그곳에 모인 모든 사람에게 감동을 주었고 길을 가던 사람들의 발걸음도 멈추게 했다. 그 바이올린의 경매가 다시 시작되었고 결국 그 바이올린은 삼천 달러에 팔렸다.

이와 마찬가지로 사람은 누구에게 쓰임 받느냐에 따라 가치가 달라진다. 나의 지나온 날을 돌아보아도 그렇다. 내가 세 살 되던 해, 아버지는 칠 남매를 남겨두고 세상을 떠나셨다.

어머니는 돈을 벌어야 했기에 나를 보육원에 맡겼다. 8살 때 어머니가 다시 나를 집으로 데리고 오셨지만 나는 5학년 때부터 돈을 벌어야 했다. 우유 배달도 하고 신문 배달도 했다. 또 구두도 닦았다. 어머니는 교회 사찰 집사로 일했다. 나는 어머니 대신 교회의 종을 치기도 했다.

  어머니가 자식들을 위해 해 줄 수 있는 일은 기도하는 일뿐이었다. 어머니는 하루도 빠짐없이 새벽기도를 드리면서 눈물로 기도하셨다. 그로 인해 우리 형제는 모두 다 하나님의 손에 붙잡혔다. 만약 어머니의 기도가 없었다면 나는 세상에서 어떤 가치로 살아가고 있을까? 하나님의 손에서 연주되고 있는 나를 생각하면서 늘 감사할 뿐이다. 그래서 초심을 잃지 않으려고 노력하고 있다.

23.
행운을 불러오는 습관

작은 거인이라 불리는 골프 선수 게리 플레이어라는 사람이 있다. 그는 남아공에서 태어나 미국에 진출해서 무려 160회 이상이나 우승한 전설의 프로 골프 선수이다. 그는 다른 선수들과 달리 체구가 작은 편이다. 신장이 170cm, 몸무게가 66kg 밖에 되지 않아 골프 선수로서는 왜소한 조건이었다. 그래서 그가 우승하면 주변의 많은 사람이 그를 행운아라 불렀다.

어느 날 기자가 그에게 질문했다.

"왜 당신에게 행운이 따른다고 생각하나요?"

그러자 그는 웃으며 이렇게 대답했다.

"예, 저는 행운아입니다. 선수로서 작은 체구 때문에 연습을 더 많이 해야만 했기 때문입니다. 행운은 제가 연습을 하면 할수록 찾아오더군요."

또한, 그는 자신의 굳은살이 가득한 손 사진을 두고 이렇게 표현했다.

"당신은 이것을 굳은살이라 부르지만 나는 트로피라 부른다."

이 말은 게리 플레이어가 자신의 트위터에 남긴 말이다.

그렇다. 행운은 가만히 앉아서 오라고 부른다고 해서 오는 것이 아니다. 이마에 땀을 흘리며 자기 관리에 충실하고, 남모르게 피나는 노력으로 누군가에게 감동을 주는, 준비된 사람에게 오는 것이다. 그러므로 매사에 자기 관리의 성실함을 식물로 삼는 지혜로운 사람이 행운을 얻는다.

24.
인생의 성공방정식

　김연아 선수와 함께 아이스 쇼에 참석한 피겨 스케이팅 세계 챔피언 미셸 콴의 이야기이다. 그는 피겨 스케이팅을 훈련하고 있는 아이들을 보면 누가 미래에 우승하는 선수가 될 것인지 안다고 말했다. 아이들 가운데 타고난 재능이 뛰어나서 잘 넘어지지 않는 아이보다, 많이 넘어지는데도 계속 일어나서 다시 하는 아이들이 장차 우승하는 선수가 된다는 것이다. 이는 인생의 넘어짐이 실패가 아니라, 다시 일어나지 않는 포기하는 마음이 실패를 불러온다는 것을 말해 준다.

　사실 우리의 삶에서 실패가 그 사람을 망하게 하는 것이 아니다. 어떤 사람은 실패를 오히려 배움의 계기로 여기며 더 노력해서 완벽하게 해내는 사람도 있다. 그러므로 실패했을 때 그 사람의 태도가 영원한 실패자를 만드는 것이다.

에디슨은 2만 번의 실패를 통해 천여 개의 발명품을 개발했다. 그래서 그는 실패는 성공의 어머니라고 말하기도 했다.

인생의 성공방정식은 자신의 꿈을 향해 오뚝이처럼 칠전팔기하는, 포기하지 않는 믿음이다. 잠언 24장 16절을 보면 "대저 의인은 일곱 번 넘어질지라도 다시 일어나려니와 악인은 재앙으로 말미암아 엎드러지느니라"라고 했다.

에이브러햄 링컨은 9번이나 낙선했던 사람이다. 더군다나 그의 아버지는 신발 제조공이었다. 그러나 그는 다시 일어났다.

하나님은 지금도 말씀하신다. "내게 능력 주시는 자 안에서 내가 모든 것을 할 수 있느니라"(빌 4:13). 우리 모두 다 실패를 거울삼아 일어나는 자들이 되었으면 좋겠다.

25.
베르테르 효과

언제부터인가 연예인들의 자살이 유행처럼 번지면서 충격을 준 때가 있었다. 그 여파로 '저렇게 예쁘고 돈이 많은 연예인도 자살하는데 나 같은 사람이 살아서 뭐 하나?'라는 자괴감으로 동반 자살을 한 사람들도 있었다. 이것을 보고 우리는 '베르테르 효과'라고 한다.

그들의 공통점은 과도한 스트레스로 인한 우울증이다. 사람이 우울증에 걸리면 삶의 기쁨과 힘을 잃어버리게 된다. 그래서 삶의 의욕을 잃고, 부정적이고 절망적인 생활 태도를 보이며 극단적인 결정을 내리게 된다.

우울증의 시초는 분노, 실망, 미움 등에서 출발한다. 환경에서나 대인관계에서 크게 실망하게 된다든지, 타인에게서 무시나 멸시를 받아서 분노하고 미움에 사로잡힐 때 그것은 곧 비관과 자기연민으로 발전한다. 그 속에서 우울증이 머리를 들게 되면 어둡고 긴 영혼의 밤을 지나게 된다.

그러므로 우리가 어둠에 사로잡힐 때 가장 중요한 것은 억압된 심정과 괴로움을 소리 내어 토해내어야 한다는 것이다. 찬송도 기쁜 찬송을 소리 높여 불러야 한다. 통성기도와 손뼉을 치면서 부르는 찬송은 수많은 사람에게 정신적 치료를 가져오기도 한다. 그리고 범사에 감사하는 법을 배워야 한다.

공인들의 자살 소식에 또 다른 비관자들이 따라서 자살하는 모습을 보면서, 우리 사회가 방송을 통해 좋은 소식을 많이 전해야 한다고 생각한다. 범죄의 험악한 정황을 그대로 전하기보다는 감동적인 아름다운 소식이 많이 알려져서 베르테르 효과를 볼 수 있기를 기대해 본다.

26.
회복의 탄력성

미국의 대통령 오바마가 대선 직전에 상원의원에 출마했다가 크게 실패한 적이 있다. 그때 오바마는 스스로 이렇게 물었다고 한다. '내가 여기서 무엇을 실수했는가? 내가 여기서 무엇을 해야 이 상황을 극복할 수 있는가?'

사람에게는 실패해도 다시 일어설 수 있는 힘이 있는데 이것이 '회복 탄력성'이다. 회복 탄력성 인자의 절반은 유전적이지만 절반은 연습과 노력으로 개선된다. 이 회복 탄력성은 다음과 같은 일곱 가지로 결정된다.

1) 스트레스 속에서도 평온함을 유지하는 감정 통제력, 2) 현재의 욕구와 충동을 참아내는 충동 통제력, 3) 낙관적인 성격, 4) 타인의 표정이나 몸짓 및 자세 등에서 상대의 감정을 읽어내는 원인 분석력, 5) 공감 능력, 6) 자신감, 7) 적극적인 도전

성 등이다. 이를 통해 회복 탄력성을 가늠할 수 있다고 한다.

비바람이 지나면 무지개가 뜨는 것은 자연의 이치다. 마찬가지로 우리가 인생을 살다가 크고 작은 실패를 경험하게 되지만 그 실패를 교훈 삼아 더 큰 성공을 이룰 수 있다.

방목하여 키우는 소 가운데 헤리퍼드가 있는데 이 소들은 극심한 추위를 견뎌내는 힘이 탁월하다. 다른 소는 추위를 이기기 위해 바람을 등지고 서서히 이동하는데 이 헤리퍼드는 바람을 정면으로 맞으며 북쪽의 차가운 바람을 온몸으로 받아낸다. 비록 인생의 차가운 바람이 불어온다고 할지라도 두려워하지 말고 부딪쳐 나아가야 한다. 또한, 나 자신을 돌아볼 기회로 삼아야 한다. 그런 마음으로 살아간다면 반드시 회복되는 삶으로 변화될 것이다.

27.
의미 있는 일

시지프스라는 장군이 있었다. 그는 평소에 제우스의 총애를 받던 장군이었다. 그러나 그는 어느 날 잘못을 저질러서 제우스의 노여움을 사게 되었다. 그래서 낭떠러지에서 굴러떨어지는 바위를 들어 올리는 벌을 받게 되었다. 그는 하루에도 수천 번씩 반복해서 바위를 들어올려야 했다. 시지프스는 이처럼 아무런 의미 없는 일을 하면서 고통 속에서 몸부림치게 되었다.

우리가 고통스럽다고 느끼는 것은 하는 일이 어려워서가 아니다. 의미 없는 일을 계속하고 있기 때문이다. 소위 '직업병'은 환경이 나빠서 생기는 것도 있지만, 주로 어떤 단순한 일을 계속할 때 생긴다고 한다. 그러므로 우리에게는 새로운 일, 의미 있는 일이 중요하다. 내가 하는 이 일이 어떤 의미를 지니고 있는지를 생각해 보아야 한다.

성경 말씀 로마서 12장 2절을 보면 "너희는 이 세대를 본받지 말고 오직 마음을 새롭게 함으로 변화를 받아 하나님의 선하시고 기뻐하시고 온전하신 뜻이 무엇인지 분별하도록 하라"고 말씀하셨다.

이 세대를 본받지 않고 마음을 새롭게 함으로 변화 받은 사람이야말로 지혜로운 사람이다. 그는 하나님의 뜻이 무엇인지 분별하여 삶의 의미를 찾는 사람인 것이다. 그는 하나님의 복을 받은 사람이다. 사람은 새로워질 때 기쁨과 힘이 생기기 때문이다.

28.
인간의 속성

청개구리에 관한 동화가 있다.

이 청개구리는 어미 청개구리가 동으로 가라 하면 서로 가고 남으로 가라 하면 북으로 가는, 항상 어미의 말에 반대로 행동하는 개구리였다. 세월이 흘러 어미 청개구리가 죽게 되면서 새끼 청개구리에게 유언했다.

"애야, 내가 죽거든 산속에 묻지 말고 냇가에 묻어다오."

어미 청개구리는 늘 반대로만 행동하는 새끼 청개구리의 속성을 알았기에, 산에 묻히고 싶은 마음과는 반대로 냇가에 묻어 달라고 유언한 것이다.

그런데 어미의 죽음을 본 후에 새끼 청개구리는 철이 들었다. 그래서 어미의 유언대로 어미 청개구리를 냇가에 묻었다. 그러다 보니 장마철만 다가오면 어미가 떠내려갈까 봐 청승스

럽게 운다는 것이다.

평소에 잘못 살아온 결과가 어떠한가에 대해 우리 인간에게 교훈하는 이야기가 아닌가 싶다.

하나님은 갈라디아서 6장 7-8절을 통해 우리에게 말씀하신다. "스스로 속이지 말라 하나님은 업신여김을 받지 아니하시나니 사람이 무엇으로 심든지 그대로 거두리라 자기의 육체를 위하여 심는 자는 육체로부터 썩어질 것을 거두고 성령을 위하여 심는 자는 성령으로부터 영생을 거두리라."

그러므로 우리는 성령의 사람이 되어 말씀에 순종하는 훈련을 해야 한다.

29.
하나님의 저울

언제부턴가 인간 복제에 관한 영화가 나오기 시작하면서 '이것이 언젠가 현실로 이루어질 것인가?'라는 의문에 휩싸이기도 한다.

한편 오늘날 자살이라는 것이 유행처럼 번지면서 자살 사이트가 생겨나기도 하고, 이 세상에서 조금만 상처받고 넘어지면 쉽게 목숨을 끊으려는 비겁한 이들마저 보이기도 한다.

이 세상에서 나와 똑같은 사람이 다시 태어날 확률은 거의 없다. 미술품 하나만 보아도 진품과 복사품은 그 가격이 하늘과 땅 차이이듯이, 우리 한 사람의 가치는 하나님 편에서 진품과 똑같은 귀중한 가치를 갖는다. 그러므로 자신을 다른 사람과 비교하는 사람만큼 어리석은 사람은 없다.

예를 들어 신사임당이 그려진 5만 원짜리 지폐가 구겨지고 밟혔다고 해도 그 가치는 깨끗한 신권 지폐와 똑같은 것이다.

비록 이 세상에서 가난하고 병들고 학력이 없어도 하나님의 저울로 달아보면 사람의 가치는 변함이 없다. 단지 실패하고 실수했을 뿐 성공의 토대임을 명심하고 다시 일어나 자신의 가치를 지켜가야 한다. 세상 저울에 자신을 놓지 말고 하나님의 저울에 자신을 놓아야 한다.

그러므로 나 자신을 학대하지 말고 나부터 나를 인정해 주면서 나에게 희망을 줄 때 우리는 어떤 상황에서도 비굴하지 않고 다시 서게 될 것이다.

30.
인내를 통해 거둔 열매

　인내란 괴로움이나 어려움을 참고 견디는 일을 말한다. 그러나 참는다는 것이 얼마나 어려운 일인지, 또한 인내심을 가지고 마음을 다스린다는 것이 얼마나 고통스럽고 힘든 일인지, 그 길을 가본 자만이 알 수 있다. 그래서 사람들은 인내를 중요한 덕목으로 보고 그 가치를 높이 평가하고 있으며, 성경에서도 인내를 성령의 열매 중 하나로 꼽고 있다.

　또한, 성 아우구스티누스는 인내를 지혜의 동반자라고 정의했다. 그만큼 참고 견디는 일이 이 세상을 살아가는 지혜인 것이다.

　문학이나 예술을 하는 사람 중에는 수많은 고통과 싸우며 작품을 남긴 사람이 많다. 그중에서도 괴테는 60년에 걸쳐서 세계적인 명작 『파우스트』를 완성했다. 그는 그 작품을 쓴 후 자신의 전기를 통해 이렇게 말했다. "나는 고통을 인내했으며 그 결과 '환희'라는 진주를 캐냈다."

신앙생활에서도 가장 중요한 것은 인내이다. 내 삶에 고난의 바람이 불고 폭풍우가 몰아쳐도 십자가를 튼튼히 붙잡고 환경의 구원과 부활을 기대하며 인내해야 한다. 우리는 힘보다는 인내심으로 더 큰 일을 이룰 수 있다.

아이작 뉴턴은 자기가 발견한 것 중에서 가장 귀한 것이 인내였다고 말했다. 영국의 작가 오스틴이 "네 마음의 뜰에 인내를 심어라. 그 뿌리는 쓰지만, 열매는 달다."고 말한 것처럼, 결국 인생의 수확은 참고 기다리는 자의 것임이 분명하다.

31.
나무 위에 올라간 사람

성경에 보면 나무 위에 올라간 덕분에 예수님의 눈에 발견된 사람이 있다. 삭개오다. 그는 세리장이었고 부자였지만 키가 작았다. 어느 날 그는 예수님께서 여리고로 오신다는 소리를 듣고 군중들 틈에 끼어 있었지만, 키가 작아서 예수님이 어떤 분이신지 볼 수가 없었다.

그래서 그는 돌 무화과나무 위로 올라갔는데 마침 예수님께서 지나가시다가 먼저 삭개오를 보셨다.

예수님께서 말씀하셨다. "삭개오야 속히 내려오라 내가 오늘 네 집에 유하여야 하겠다"(눅 19:5). 삭개오는 급히 내려와 즐거워하며 예수님을 영접했다. 예수께서 말씀하셨다. "오늘 구원이 이 집에 이르렀으니 이 사람도 아브라함의 자손임이로다"(눅 19:9). 삭개오는 자신의 단점을 통해 나무 위에 올라감으로써 복을 받은 사람이다.

　TV 프로그램 '정글의 법칙'을 보면 항상 높은 나무에 열매가 열려있는 것을 볼 수 있다. 아무리 배가 고파도 나무에 오르지 않으면 열매를 얻을 수가 없다. 결국, 나무에 올라가는 자가 열매를 얻게 된다.

　신앙생활도 마찬가지다. 예수님의 십자가 위에 올라가야 한다. 예수님의 십자가 위에 올라가면 그곳에 생명이 있다. 그곳에 죄 용서함이 있고, 성령의 충만함이 있으며, 치유가 있고, 축복이 있다. 오직 십자가에만 영생이 있기에 그곳에 올라가면 영혼이 잘되고 범사가 잘되고 강건한 삶을 누리게 된다. 십자가에 올라가는 신앙으로 자신의 단점을 복으로 바꾸는 지혜로운 사람이 되자.

32.
문제를 응답으로 바꾸는 열쇠

인생을 살다 보면 사면이 벽인 것 같은 절망적인 상황을 맞이할 때가 있다. 욥처럼 죽기를 바라지만 죽을 수도 없을 만큼 절망적일 때 우리가 할 수 있는 일은 기도밖에 없다.

사방이 캄캄해서 빛이 보이지 않을 때 자살을 선택하는 사람이 있는가 하면 기도를 선택하는 사람이 있다. 하나님을 의지하며 기도를 무기로 삼는 사람은 그 절망을 뚫고 나간다. 그래서 그 어둠이 동굴이 아니라 터널이 되게 한다. 그러므로 문제가 나를 가로막고 있을 때 가장 중요한 것은 기도로 문을 여는 것이다.

문제를 응답으로 바꾸기 위한 두 가지 열쇠가 있다. 첫째는 '간절한 기도'요, 두 번째는 '지속적인 기도'이다. 간절한 기도란, 한나의 기도처럼 내 모든 열정과 기운을 소모하면서 하는 기도다. 윌리엄 부스의 말에 의하면 "생사가 달린 것처럼 죽기 살기로 기도하는 것"이다.

하나님은 기도하는 백성에게 늘 소망을 주셨다. 기도하는 한나에게 사무엘을 허락하신 것처럼, 기도에는 반드시 응답이 따르기 때문이다. 기도는 내 영혼의 호흡이요, 생명이다. 쉬지 말고 기도하라는 것은 기도가 바로 생명이기 때문이다.

또 지속적인 기도는 불의한 재판관의 비유처럼 응답을 받을 때까지 끈질기게 기도하는 것을 말한다. 예수님께서 그 기도 제목에 대한 부담을 거두어 가실 때까지 간절히, 지속해서 기도하는 것, 이것이 문제를 응답으로 바꾸는 비결이다. 기도만이 하나님을 체험하는 길이요 구원을 이끄는 열쇠가 되기 때문에 우리는 기도하지 않는 어리석음을 범해서는 안 된다.

33.

뿌리 깊은 나무

 나무도 살기 위해 안간힘을 쓴다. 삼림욕의 효과를 높여주는 피톤치드를 나무가 뿜어내는 이유는 나무들 스스로가 이 물질을 발산하여 자신들을 지켜나가기 위해서다. 그러나 이 피톤치드가 사람에게 약효가 있기에 사람들은 숲을 찾아 나선다.

 나무는 사람보다 더 지혜롭다. 요즘 산에 가보면 폭풍우로 인해 많은 나무가 쓰러져 있는 것을 보게 된다. 자세히 살펴보면 대부분 병들었거나 뿌리가 얕아서 버틸 힘이 없는 것들이다. 그만큼 나무의 뿌리는 그 나무를 지탱하는 힘이 된다. 비바람을 맞는 동안 나무는 쓰러지지 않으려고 안간힘을 쓰게 되고, 뿌리는 균형을 잡기 위해 땅속으로 뻗어가는 것이다.

 지허버드는 "폭풍은 나무가 뿌리를 더욱 깊이 내리도록 만든다."라고 말했다. 폭풍이 불어와 나무를 흔들면 나무는 폭풍을 이기기 위해 뿌리를 더 깊이 내리는 것이다.

이는 마치 농사를 지을 때 보리를 밟는 것과 같다. 보리 싹을 그대로 두면 겨우 80알 정도가 열리지만, 싹이 올라오는 것을 발로 밟아서 꺾어버리면 강한 싹이 위에서 올라와 5배 정도의 더 많은 열매를 맺는다.

살다가 인생의 풍랑을 만나면 두려워하지 말자. 바람에 흔들리면서 뿌리를 더 깊게 내리면 장차 많은 사람이 찾아드는 거목이 될 것이다.

34.
영혼의 닻을 찾아서

오늘날 많은 사람이 인생을 항해에 비유한다. 왜냐하면, 배가 망망대해를 항해하다 보면 크고 작은 풍파를 만나 좌초하기도 하고 평탄한 항해를 하기도 하기 때문이다. 그러다가 때로는 배가 정박지에 머물기도 한다. 그때 그 배를 머물게 하는 것이 닻이요, 거센 파도나 바람으로부터 안전하게 붙들어 매는 줄이 닻줄이다. 그렇기에 닻은 항해를 끝내고 쉼을 얻는 항구에 평안히 정박할 수 있게 하는 도구다.

우리 영혼이 방황하는 까닭은 죄로 말미암아 잃어버린 영혼의 닻과 줄을 찾지 못했기 때문이다. 우리는 영혼의 닻에 따라 동쪽으로 가기도 하고 서쪽으로 가기도 한다. 닻을 어느 방향으로 트느냐에 따라 내 인생의 목적지가 달라지기 때문이다. 같은 환경과 처지에서도 어떤 꿈을 가지고 어떤 시각으로 바라보느냐에 따라 인생이 성공하기도 하고 실패하기도 한다. 그러므로 인생의 닻줄을 잘 매야 한다.

성경에서 말하는 우리 영혼의 닻과 줄은 바로 예수 그리스도이다. 이곳에 희망과 꿈의 닻을 단단히 매달아야 우리 인생이 좌초되지 않는다. 예수님은 지금도 우리에게 말씀하신다. "수고하고 무거운 짐 진 자들아 다 내게로 오라 내가 너희를 쉬게 하리라"(마 11:28).

인생이 힘든 자들은 누구나 다 예수님의 품에 안길 수 있다. 거센 풍랑 속에서 좌초하지 말고 예수님의 품에 내 영혼의 닻을 내리고 평안한 삶을 살아가기를 바란다.

35.
순종과 긍정

 살다 보면 가끔 인생이 꼬일 때가 있다. 그럴 때 사람들의 반응은 여러 가지 유형으로 나타난다. 남의 탓을 하는 사람이 있고 자기 탓을 하는 사람이 있다.

 요즘 서점가의 베스트셀러들은 대부분 자아실현에 관한 책이다. 이러한 책들이 많이 읽히고 있는 이유는 그만큼 현대인들의 목표가 성공과 부에 초점이 맞춰져 있기 때문이다. 그래서 스티브 잡스라든지 빌 게이츠와 같은 인물이 사람들의 관심을 받고 있고, 중국 최고의 갑부인 마윈에 대해서도 관심이 높아지고 있다.

 마윈의 명언 중에서 이런 말이 있다. "당신이 만약 35살이 되어도 가난하다면 그것은 당신 책임이다. 당신의 부모님이 물려줄 돈이 없다고 해도 아무도 당신을 동정해 주지 않는다."

마윈은 자신의 프로젝트를 통째로 빼앗기기도 하는 등 실로 엄청난 실패와 좌절을 겪으면서 성공한 인물이다. 그는 중국에서 공산당을 제외하고 가장 큰 영향력을 끼친 사람으로 꼽힌다. 그는 젊은이들을 향해 "생각만 하지 말고 행동으로 옮기라."는 뼈있는 말을 하기도 했다.

　그의 실패담을 읽으면서 젊은이들은 세상이 정말 만만치 않음을 느낄 것이다. 그러나 성경에서는 실패를 순종과 불순종의 차이로 보고 경고하고 있다. 순종은 하나님과 연결된 끈이다. 하나님은 사울의 실패를 말씀하시면서 그가 "나를 따르지 아니하며"(삼상 15:11)라고 하셨다. 순종과 긍정, 이것이야말로 하나님의 속성이다. 남의 탓이 아닌 내 탓임을 인정하자.

36.
사랑, 기술이 필요할까?

많은 사람이 사랑하다가 마음이 고장 나서 새로운 사랑을 찾는다. 고장 난 사랑을 고칠 기술이 없기 때문이다. 에리히 프롬은 "사랑은 배우고 익혀야 할 기술"이라고 말한다. 인생을 살아가는 것이 기술인 것처럼 사랑도 기술을 필요로 한다는 것을 잊어서는 안 된다.

두 남녀가 뜨겁게 사랑해서 결혼하지만, 어느 순간 두 사람 사이에 벽이 생기는 것은 사랑에 관한 기술을 익히지 않아서이다. 사랑에는 기술이 있다. 그래서 사랑에 대한 지식과 노력이 동원되어야 하고, 그에 따르는 예절과 자신을 사랑스럽게 만드는 노력이 필요하다.

사랑에 대한 가장 기본적인 기술은 상대방과 같은 사랑의 언어를 사용하는 것이다. 언어가 다르면 중요한 감정들이 소통되지 않는다. 외국인과 소통하려면 먼저 그 나라 말을 정확하게 배워야 하는 것과 같다.

성경은 "하나님은 사랑이심이라"(요일 4:8)고 말씀하고 있다. 그렇다면 우리가 하나님과 사랑을 소통하고자 할 때는 어떤 기술을 배우고 익혀야 할까?

먼저 하나님의 성품을 바로 알고, 하나님과 같은 사랑의 언어를 배우고 익혀야 한다. 하나님께서 나에게 하시는 말씀을 들을 수 있는 기술이 필요하다. 그래서 말씀 묵상과 골방에서의 기도가 중요한 것이다.

37.
인조인간

 사람에게는 눈물샘이 있다. 이 눈물샘이 막히면 안구는 계속 건조해져서 불편을 겪게 된다. 눈물이 하는 일은 여러 가지이다. 해로운 물질을 씻어주는 역할을 하기도 하고, 너무 기쁘거나 행복할 때 과다 분비되는 도파민을 분해해서 감정을 억제하는 역할도 한다.

 그런데 현대인들은 눈물이 메말라가고 있다. 과거에는 장례식장에 가면 울거나 곡하는 사람이 끊이지 않았다. 하지만 요즘은 눈물을 흘리는 사람이 별로 없다. 그만큼 감정이 메말라 있다는 증거다.

 고대 그리스와 로마에는 눈물단지가 있었다. 목이 가는 작은 병인데 장례식 때 흘린 문상객의 눈물을 그 병에 담아 무덤에 함께 묻었다고 한다. 눈물이 없다는 것은 한마디로 감성이 사라진 로봇 같은 인생을 살고 있다는 뜻이다.

요즘은 교회에서도 눈물이 메말라가고 있다. 예배를 드려도 감동이 없고 눈물이 없다. 과거에는 예배드리고 나면 눈이 퉁퉁 부은 사람들이 많았다. 감사와 감동이 넘쳐서이다. 예루살렘을 바라보며 흘리신 예수님의 눈물을 생각하면서 예배의 감동을 회복했으면 좋겠다.

눈물을 잃어버린 인조인간이 아니라 예수님의 마음을 가슴에 품고 사는 우리가 되었으면 좋겠다. 하나님을 향한 감동과 감사가 삶 속에서 나타나 "나의 눈물을 주의 병에 담으소서 이것이 주의 책에 기록되지 아니하였나이까"(시 56:8)라는 말씀이 가슴에 새겨졌으면 좋겠다.

38.
농부의 기쁨

 농부에게 있어서 가장 큰 기쁨은 풍년이 되어 많은 수확을 하는 것이다. 또 수확으로 얻은 열매가 쭉정이가 아니고 알곡일 때 농부는 더없는 기쁨을 맛보게 된다.
 언젠가 '모유 전도'에 대해 기록한 책을 보고 크게 공감한 적이 있다. 한국 교회의 전도에서 심각한 문제는 잉태된 어린 생명을 남의 손에 맡긴다는 것이다. 말하자면 전도자가 전도한 후에 그 새신자가 자라서 스스로 교회에 정착할 때까지 양육하지 않고 무관심하게 내버려 둔다는 것이다.
 어떤 어머니에게 6남매를 훌륭하게 키워낸 비법을 묻자 "모유 수유"라고 대답하는 것을 들었다. 모유를 먹이면서 기도하고, 모유를 먹이면서 성경을 읽어주고, 무엇이든지 함께 나누었다는 것이다.

과학적으로도 무통으로 분만하는 자녀는 산고를 겪으면서 낳은 아이보다 애정이 떨어진다는 통계가 있다. 우리가 전도할 때도 무통분만을 하는 것이 아니라 산고의 고통을 감수하면서 애정을 쏟아야 한다.

요한복음 15장 1절을 보면 하나님께서 영적 농부가 되심을 알 수 있다. "나는 참포도나무요 내 아버지는 농부라"고 하신다. 하나님께서 친히 농부가 되신다. 그러므로 내가 전도한 씨앗이 열매가 되어 영적 곳간에 채워지기까지 우리는 끊임없이 돌보아야 한다. 알곡이 아버지의 영적 곳간에 가득 채워지는 것을 볼 때 아버지가 가장 기뻐하실 것이기 때문이다.

39.
패러다임의 변화

요즘 젊은 세대는 렌탈리즘에 길들고 있다. 렌탈리즘이란 '빌려 쓴다'는 의미다. 굳이 내가 소유하지 않아도 즐기면 된다는 생각이 세상을 바꾸어 나가고 있다. 과거에는 렌트해서 쓰는 것이 정수기 정도였다. 그러나 요즘은 승용차는 물론, 어린이 장난감도 렌트하고, 중요한 행사나 외출이 있을 때는 옷과 가방도 렌트하는 시대다. 집도 굳이 소유할 생각을 하지 않는다.

시장에서 장을 보는 것도 직접 가서 물건을 사는 것이 아니라 집이나 사무실에서 인터넷으로 주문해서 생활한다. 이런 편리 주의의 사고가 우리나라 시장의 패러다임을 바꾸고 있다. 부모님 세대에서의 정답이 자녀 세대에서는 오답이 되는 시대다. 그야말로 아날로그 세대와 디지털 세대 간의 사고의 벽이 더 두꺼워지고 있다.

어떻게 보면 이것이 성경적인지도 모른다. 이 세상에서의 삶은 나그네의 삶이기 때문이다. 우리는 언젠가 본향으로 돌아갈 것이기에 이 세상에서 나에게 주어진 모든 것은 잠시 관리하는 것뿐이며 영원한 내 것이 아니다. 하나님은 말씀하셨다. "은도 내 것이요 금도 내 것이니라 만군의 여호와의 말이니라"(학 2:8).

우리는 내가 가진 모든 것의 주인이 하나님이심을 가슴에 새겨야 한다. 하나님을 내 삶의 주인으로 모시고 그분의 말씀에 순종하면서 나그네 세상을 살아야 한다. 언젠가 본향에 가는 날에 부끄럽지 않기 위해서이다.

40.
문명의 충돌

 지구의 산소탱크 아마존이 사라져 가고 있다. 아마존은 지구에 많은 산소를 공급해주는 자연림이다. 제임스 카메론 감독의 영화 '아바타'에 등장하는 초기 원시인들이 살던 행성 판도라의 무대는 아마존이었다.

 영화 속의 판도라는 원시림이 우거진 곳으로, 고대 동물들과 함께 살아가는 원시 부족의 행성이었다. 지구인들이 그곳을 침략하는 이유는 그 안에 자신들에게 유용한 자원이 있기 때문이었다. 그런데 실제로도 지구의 엄청난 산소를 공급하는 아마존이 사라져 가고 있는 것은 지구의 위기가 아닐 수 없다.

 사람들의 편리주의로 지구는 죽어가고 있다. 북극곰이 살아가던 거대한 빙하가 녹고 있으며, 얼음이 녹아 지구의 온도가 변하고, 지구의 허파인 아마존이 개발이라는 허울 속에 숨을 쉬지 못하고 있다. 에스키모인들을 술과 놀음으로 타락시킨 문명인들이 이젠 원시 부족마저도 타락시키고 있다.

산업혁명이 일어나고 타이어를 만드는 고무의 중요성이 대두되었을 때, 아마존의 원시인들이 고무나무에서 고무를 채취하는 모습을 본 문명인들은 밀림의 중심에 거대한 도시 '마나우스'를 건립했다. 그리고 그들의 노동력을 착취했다.

인류의 허파 중심에 세워진 문명은 독특한 아름다움이나 문명의 절묘한 결합이 아니라, 원시 부족인들을 노예로 만든 착취의 상징이었다. 문명은 분명 혜택을 받는 자가 있고 피해를 보는 자도 있다. 문명이라는 거대한 프로젝트에 인간은 끝없이 충돌을 일으킬 것이다. 하나님께서 바벨탑 사건을 통해 인간 문명을 경고하셨던 일을 가슴에 새겨야 할 때가 아닌가 싶다.

내게
능력 주시는 자 안에서
내가 모든 것을
할 수 있느니라

3부

꿈꾸는 리더의 인생

41.
세상에서 가장 어려운 일

생텍쥐페리가 쓴 『어린 왕자』를 보면 "세상에서 가장 어려운 일은 사람의 마음을 얻는 일"이라고 말한다. 사람의 마음은 내 마음대로 빼앗아올 수 없기에 상대방의 마음을 얻는 것이 세상에서 가장 어렵다는 것이다.

황희 정승은 말하기를 "매사에 상대를 인정하는 태도를 가지라."고 했다. 너도 옳고, 다른 너도 옳고, 또 다른 너도 옳다는 것이다. 사람마다 모습이 다르듯이 생각이 다르기에 다름을 인정하는 것이 가장 중요하다.

나와 다른 의견을 내면 참지 못하는 사람들이 있다. 나와 달라도 상대를 감동하게 하면 생각이 달라진다. 그래서 사람의 마음을 얻는 일은 감동하게 하는 일이다.

그러기 위해선 상대방의 이야기에 경청하는 태도를 지녀야 한다. 현대인들은 인내심이 부족해서 남의 말을 잘 들으려고 하지 않는다. 모두가 다 선생이 되려고 한다.

모처럼 모인 동창회에 가보라. 서로 자기 말하느라고 바빠서 듣는 사람보다 말하는 사람이 더 많다. 그냥 들어주는 자가 돼라. 고통을 들어주고 공감하고, 자랑을 들어주고 기뻐해주어라.

성숙한 사람과 미숙한 사람의 차이는, 미숙한 사람은 남의 얘기를 듣고 흉보고 떠들고 다니지만, 성숙한 사람은 측은지심을 가지고 상대방을 마주한다는 것이다. 측은지심을 가지고 들어주는 것이 상대방의 마음을 얻는 길이다.

42.
오프라 윈프리의 사명

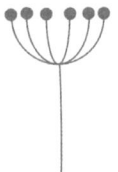

 사람이 살다 보면 수많은 일이 일어난다. 좋은 일도 일어나고, 나쁜 일도 일어난다. 중요한 것은 어떻게 생각하느냐이다. 그에 따라 사명이 될 수도 있고 절망이 될 수도 있다. 그러므로 이것은 전적으로 자신의 선택에 달려있다.

 미국 〈타임〉지가 뽑은 '미국을 움직이는 가장 영향력 있고 존경받는 인물 100명' 중에서 1위에 선정된 오프라 윈프리는 사명에 대해 네 가지를 이야기했다.

 첫째, 남보다 더 가졌다는 것은 축복이 아니라 사명이다. 자기보다 못한 사람을 도와줘야 하는 책임이 있기 때문이다.

 둘째, 남보다 아파하는 것이 있다면 그것은 고통이 아니라 사명이다. 그 이유는 아파본 사람만이 아픔을 겪는 사람을 위로해 주고 봉사해 줄 수 있기 때문이다.

셋째, 남보다 설레는 꿈이 있다면 그것은 망상이 아니라 사명이다. 왜냐하면, 그 꿈을 이룸으로써 사회와 이웃을 위해 봉사할 수 있기 때문이다.

넷째, 남보다 부담되는 어떤 것이 있다면 그것은 사명이다. 그 이유는 부담을 피하는 자가 아니라 부담을 기꺼이 감당하는 자가 복이 있기 때문이다.

오프라 윈프리는 빈민가 흑인 미혼모의 사생아로 태어나 9살 때 사촌오빠와 삼촌에게 성폭행을 당하고 마약 중독자로 10대를 우울하게 보냈다. 그러나 그가 선택한 길은 절망이 아닌 사명이었다. 내 신체에 감사하는 것이 자신을 더 사랑하는 열쇠라고 말한 그녀는, 자신에게 닥친 모든 것을 우연이 아닌 인생의 사명으로 받아들였다.

43.
설득의 리더십

〈월스트리트 저널〉은 수년 전 3명의 미국 CEO 짐 맥너니 보잉 회장, 마크 허드 HP 회장, 마틴 설리번 AIG 회장 등을 소개하면서 한 가지 공통점을 들었다. 그것은 강력한 카리스마에 의존하기보다는 실무형 업무 스타일로 성공한 CEO라는 점이다. 이제는 카리스마 리더십 시대가 가고, 조화와 타협을 중시하는 설득의 리더십이 주목받는 시대이다.

1915년 미국 산업의 역사상 가장 끔찍한 파업사태가 2년간 콜로라도 주를 강타했을 때였다. 성난 광부들이 콜로라도에 있는 록펠러 소유의 석유 회사와 강철 회사를 대상으로 임금 인상을 요구하며 유혈사태까지 일으켰다.

록펠러는 증오에 가득 찬 광부들을 대상으로 연설을 하기로 했다. 그리고 그들의 마음을 열게 하는 온화하고 다정한 말로 연설했다. "오늘은 내 생애의 특별한 날입니다. 나는 여러분의 가족을 방문하여 많은 형제를 만나 보았습니다. 오늘 우리가 여기서 만난 것은 낯선 사람들로서가 아니라 친구로서 상호우호의 정신과 공동의 이익 때문입니다. 또한 내가 여기 있게 된 것도 다 여러분의 덕택입니다."

그는 이러한 친화적인 말들로 그들의 분노를 잠재울 수가 있었다. 만일 록펠러가 여러 가지 논리를 동원해서 광부들의 잘못을 입증했다면 아마도 광부들의 분노는 더 커졌을 것이다.

카리스마로 권위를 내세우는 시대는 이미 지났다. 나보다 남을 낮게 여기는 마음으로 상대에게 감동을 줄 수 있는 사람이 진정한 지도자다.

44.
큰 바위 얼굴

　나다니엘 호손이 지은 『큰 바위 얼굴』이란 작품이 있다. 이 이야기는 시골 마을의 어니스트라는 가난한 소년이 집 맞은편 산 위의 큰 바위 얼굴을 바라보면서 일어난 일에 대한 전설이다.

　그 마을 사람들은 큰 바위 얼굴을 닮은 위대한 사람이 나타나기를 기다리고 있었는데, 그러한 사람은 나타나지 않았다. 그런데 큰 바위 얼굴의 인자하고 위엄 있는 모습을 흠모하면서 자란 어니스트는 세월이 흘러 나이가 들면서 온화하고 위엄을 갖춘 모습으로 변화되었다. 어느 날 그의 모습을 보고 마을 사람들이 외쳤다. "어니스트, 바로 당신이 우리가 그토록 기다리던 '큰 바위 얼굴'을 닮은 사람이네요!"

　미국의 사우스다코타 주의 러슈모어 산에는 조각가 굿존 볼

그룸 부자에 의해 4명의 미국 대통령 얼굴이 큰 바위 얼굴로 조각되었다. 이들은 미국에서 가장 존경받는 위대한 대통령이자 하나님을 경외하고 성경을 사랑했던 사람들이다.

1대 대통령 워싱턴은 "하나님과 성경을 모르고 바른 정치를 하는 것은 불가능하다."라고 했으며, 3대 제퍼슨은 "하나님의 말씀인 성경은 인간에게 주신 가장 유익한 도덕률이며 이 나라는 성경의 기초 위에 서 있다."라고 했다. 또 26대 루스벨트는 "자기 인생을 참되게 살고자 하는 사람이라면 성경을 주의 깊게 연구하라."라고 했고, 16대 대통령 링컨은 "성경은 하나님께서 인간에게 주신 최대의 값진 선물"이라고 했다.

무엇을 바라보며 사느냐에 따라 내 삶의 모습이 바뀐다는 사실을 늘 가슴으로 기억해야 한다.

45.
자녀의 본보기

 아프리카의 성자로 불리는 슈바이처 박사에게 어떤 사람이 성공적인 자녀교육에 대해서 세 가지를 말해 달라고 했다. 그때 슈바이처 박사는 말하기를 "첫째도 본보기요, 둘째도 본보기요, 셋째도 본보기"라고 했다.

 인생에서 성공하고 승리하면 자녀교육에도 성공한다는 말이 있다. 이는 인생에 성공하는 사람은 끊임없는 자기 계발에서 성공한 사람이기 때문에, 생활에서 보이는 모범이 결국 자녀를 성공으로 이끈다는 것이다.

 한국이 자랑하는 강영우 박사의 간증을 보면, 그는 혹시라도 자신의 두 아들이 시각장애인 아버지를 시각장애가 아닌 능력 장애로 볼까 봐, 부정적인 생각을 심어주지 않기 위해 노력했다고 한다. 시각장애인이기에 오히려 잘할 수 있는 것을 일깨워 주면서 본을 보인 것이다.

비록 운전이나 공놀이는 못 하지만, 아빠는 다른 사람과 달리 캄캄한 밤에 불을 끄고도 동화책을 읽어 줄 수 있다는 것을 일깨워 주면서 긍정적인 사고를 심어주었다. 그의 두 아들은 현재 누구보다 아버지를 존경한다. 장남은 미국에서 '떠오르는 별'이라는 안과계의 지도자상을 받았고, 차남은 연방 상원 본회장에서 민주당 원내총무 수석 법률 보좌관으로서, 연방의회가 1월 13일을 '미주 한인의 날'로 공포, 결의하는 데 일익을 담당할 정도로 훌륭한 인재로 자랐다.

자녀교육은 백 마디의 가르침보다 생활 속에서 본을 보이는 것이 가장 중요하다. 예수님께서 말씀하셨다. "그러므로 내가 너희에게 권하노니 너희는 나를 본받는 자가 되라"(고전 4:16).

46.
숙면의 원리

사이쇼 히로시의 『아침형 인간』이라는 책에는 이런 내용이 있다. 사람은 체온이 낮을 때 숙면을 할 수 있다는 것이다.

우리 인간의 체온은 오후 2시경 최고점에 달하고 한밤중인 오전 2~4시에는 최저가 된다. 그리고 4시부터는 다시 체온이 상승하기 시작한다. 그러므로 오전 2~4시는 가장 숙면하기 좋은 시간이다. 이 시간에는 다른 무엇을 하는 것보다 잠자는 것이 가장 효과적이다.

또한, 체온이 내려가는 시점인 오후 11시부터 오전 1시까지는 잠이 깊이 들 수 있는 조건이 되고, 체온이 올라가는 오전 5~6시는 잠이 얕아지는 조건이 된다. 따라서 체온이 최저점을 향하는 오후 11시 전후에 잠들어서 체온이 상승곡선에 접어드는 오전 5시에 일어나는 것이 24시간 중 가장 효율적인 수면 시간이라고 할 수 있다.

그리고 잠이 깬 오전 5시에서 1시간가량이 지난 오전 6~8시까지는 두뇌가 가장 명석해지는 시간이다. 이때의 집중력이나 판단력은 낮보다 3배나 높다. 따라서 이 시간에 1시간이라도 공부나 업무를 위해 쓴다면 낮에 3시간 공부하거나 일하는 것과 맞먹는다. 이처럼 수면 시간을 효율적으로 정하면 시간을 벌 수 있다.

그뿐 아니라 새벽 5~6시는 우리의 생체리듬이 기도를 위해 맞춰진 시간이 아닌가 생각한다. 아마도 이 시간은 새벽기도가 최고일 것이다.

이렇듯 보배와 같은 아침 시간을 잘 활용할 수 있다면 그는 반드시 성공적인 삶을 살게 될 것이다.

47.
자기 훈련

　리더십의 대가인 존 맥스웰의 『리더십의 법칙』을 보면 재미있는 이야기가 있다.

　하는 일마다 시비를 걸어오는 거추장스러운 사람이 있었다. 무엇인가 하려고 하면 어김없이 나타나 자신의 발목을 잡고 속을 뒤집어 놓는 몹쓸 사람이었다.

　어느 날 그 원수 같은 놈이 벙거지를 깊이 눌러쓰고 홀로 길을 걸어가고 있었다. 그를 처치해 버리려고 벙거지를 벗기고 후려치려는 순간, 아니 그 원수 같은 놈이 바로 내가 아닌가!

　사람은 살아가면서 많은 장애물을 만난다. 그러나 자세히 살펴보면 그중에 가장 큰 장애물이 바로 나 자신임을 깨달을 수 있다.

　자신이 훈련되어 있지 않으면 어느 한순간에 넘어지고 추락

한다. 리더십은 다른 사람에게 발휘하기 전에 먼저 자기 자신에게 발휘해야 한다. 그래서 바울은 "나는 날마다 죽노라"(고전 15:31)라고 고백하고 날마다 자신을 십자가에 못 박는 결단을 내린 것이다.

'자기 훈련'이란 헬라어로 '붙잡다', '꼭 쥐다'라는 어원에서 파생되었다. 그러므로 자기 훈련이 잘된 사람은 자신의 기회를 놓치지 않고 꼭 붙잡고 살아가게 된다.

예수님께서도 틈만 나면 한적한 곳에 홀로 가셔서 하나님을 만나셨다. 우리가 어리석을 때는 세상을 정복하기 원하지만, 우리가 지혜로울 때는 자신을 정복하기를 원한다는 사실을 알아야 한다.

48.
희망을 열어가는 사람

우리가 이 세상을 살아가다 보면 한 사람의 역할이 굉장히 중요함을 깨닫게 된다. 금방이라도 무너져 내릴 것 같은 무기력한 조직에 새로운 리더가 등장하면서 사람들을 결집하고 움직이게 만든다거나, 이전의 리더가 10년이 걸려도 이루지 못할 일을 6개월도 채 안 되어 달성시키는 것을 볼 때 한 사람의 역량이 얼마나 중요한지 새삼 깨닫게 된다.

오늘날 현대 그룹을 있게 한 고 정주영 씨는 "내가 날마다 새벽에 일찍 일어나는 것은 그날 할 일이 즐거워서 기대와 흥분으로 마음이 설레기 때문"이라고 했다.

사람이 어떠한 일을 하든지, 어떠한 상황이든지, 탁월한 리더는 불가능한 상황을 즐기며 그것을 희망으로 열어가는 사람이다.

성경에서도 엘리는 타락으로 역사를 무너뜨렸지만, 사무엘은 무너진 역사를 다시 영적으로 바로 세웠다. 또, 사울은 하나님의 역사를 비참하게 만들었지만, 다윗은 하나님의 역사를 위대하게 이루어 나갔다.

자신이 늘 의롭고 잘났다고 생각하던 바리새인들은 남을 정죄하고 비참하게 만들었을 뿐 그들의 공로를 인정받지 못했지만, 예수님은 가시는 곳마다 죽어가는 자를 살리시고 문제가 해결되게 하며 기쁨이 넘치는 축제의 자리가 되게 하셨다.

인류 역사상 가장 본받고 싶은 위대한 리더가 예수 그리스도인 것은, 그가 자기를 비우고 아픈 자와 함께하며 우는 자와 함께 울어주는 분이었기 때문이다.

49.
꿈을 먹고 살지요

 우리 예정교회는 2017년 이후부터 어린이날을 맞이하여 '꿈을 먹고 살지요'라는 슬로건을 내걸고 어린이들을 위한 축제를 개최한다. 그 이유는 어린이는 장차 우리나라의 미래이기 때문이다.

 어린이날의 유래는 1923년 방정환 선생을 포함한 당시 일본 유학생 모임인 색동회가 주축이 되어 시작되었다. 색동회는 어린이들에게 민족의식을 불어넣고자 하는 운동이 전개되던 1923년 5월 1일을 어린이날로 공표했다. 그 후 일제 강점기 동안 잠시 중단되었다가 해방이 되고 나서, 1946년 5월 5일을 어린이날로 정해 지금까지 기념행사가 치러지게 되었다. 그러나 오늘날은 어린이날이 마치 장난감을 사주거나 놀이공원을 가는 날처럼 되어서 어린이날의 본래 의미가 퇴색되고 있는 것이 사실이다.

  방정환이 쓴 〈어린이 찬미〉라는 수필에 보면 "어린이는 존귀의 대상이자 어른보다 모범이 되는 존재이기에 어린이들을 기념하는 날을 만들었다."고 말하고 있다. 어린이의 인격을 존중해 주어야 함을 강조한 대목이다.

  '어린이 헌장'에도 어린이들의 권리와 복지를 사회 전체가 보장해 줄 것을 서약하고 있다. 그러므로 우리는 먼저 어린이의 눈높이를 맞추는 어른이 되어야 한다. 방정환은 어른이 어린이의 꿈을 무시하고 마음대로 결정하는 모습을 보면서 "어린이들에게 슬픔을 주는 큰 죄인"이라고 표현했다. 예수님도 말씀하셨다. "어린 아이들이 내게 오는 것을 용납하고 금하지 말라 하나님의 나라가 이런 자의 것이니라"(막 10:14).

50.
미래의 변화를 통제할 리더

 엘빈 토플러는 자신의 저서를 통해 역사를 세 가지로 구분했다. 제1의 물결은 '농업혁명', 제2의 물결은 '산업혁명', 제3의 물결은 현재의 '정보혁명'이라 했다. 실제로 제3의 물결로 인해 인터넷은 사이버 시대를 열어감으로써 전통적인 기본가치를 붕괴시키고 새로운 세계관을 갖게 했다. 이로써 우리는 원칙이 흔들리는 시대에 살게 되었다.

 그는 이런 때에 '다가올 미래의 변화를 누가 통제할 것인가?'라는 의문을 던졌다. 그렇다. 미래의 시대에는 분명 지금껏 익숙했던 직업들이 사라져가고 창의적인 직업이 새롭게 형성될 것이다. 디지털 시대와 아날로그 시대가 공존하면서도 서로 다른 세상을 살아갈 것이다. 그럴 때 이 시대의 변화를 아우를 수 있는 지도자는 분명 하나님이 세우시는 지도자일 것이다.

　미래가 불확실한 시대의 지도자는 반드시 뜻이 있는 사람이어야 한다. 다니엘처럼 자신의 정체성을 숨기거나 포기하지 않는 사람이 리더가 되어야 하고, 하나님이 역사의 주인공이심을 믿고 하나님의 통치를 인정하는 사람이 지도자가 되어야 한다.

　세계 곳곳에 천재지변이 일어나고 나라 간의 외교도 믿을 수 없는 줄다리기를 하는 이때, 우리에게는 하나님의 뜻을 찾고 그 뜻을 이루어 드리는 자세가 필요하다. 사람의 생각이 아니라 하나님의 생각으로 나 자신이 변화되어야 한다. 무엇보다도 지금은 미래를 잘 통제할, 하나님이 세우시는 지도자가 절실한 때다.

51.
탈바꿈 세상

박필규 씨가 쓴 글, '탈바꿈 경제학'에 따르면 세상은 빠른 속도로 변하면서 탈바꿈을 요구하고 있다고 한다. 다수가 옳다고 믿었던 자리가 원인과 결과가 일치하지 못해서 변종 바이러스에 흔들리고, 갑과 을의 고정관념 또한 사라져 앞으로는 새로운 개념의 갑과 을이 형성되리라는 것이다.

과거의 갑은 권력과 부, 지식이었지만 앞으로는 따뜻한 감성으로 상대를 포용하는 인간적인 힘, 곧 감성을 가진 사람이 갑의 위치에 서게 된다는 이론이다. 다시 말하면 이제는 영원한 갑이나 영원한 을이 없는 유동적인 세상이 온다는 것이다.

그는 미래의 새로운 세상에서 갑이 되고자 하는 사람은 권력이나 부, 지식 대신에 꽃, 거울, 저울을 가져야 한다고 말한다.

'꽃'은 향기로운 감성으로 주도권을 초월하여 호감과 영향력이 있는 사람을 말하며, '거울'은 투명성을 말한다. 앞으로는 정의롭지 못하거나 도덕성에 문제가 있는 사람은 갑이 되기 어렵다. 그뿐 아니라 '저울'처럼 참과 거짓을 구분하는 혜안을 가진 자가 갑이 된다는 것이다.

오늘날 사회적으로 얼룩진 여러 가지 사건을 보면서 복음의 능력을 상실한 채, 을이 되는 교회의 모습이 안타깝다. 하루속히 복음의 능력을 회복한 꽃, 거울, 저울을 가져 이 땅에서 교회가 갑이 되는 날을 기대해 본다.

52.
소통하는 리더

요즘 우리가 뼈저리게 느끼는 것이 리더의 소통이다. 리더가 소통이 안 되면 여기저기서 삐거덕거리게 되고 결국은 모든 분야가 막혀서 나라 전체가 병들게 된다. 사람은 누구나 다 상대방으로부터 인정과 존중받기를 원한다. 그러나 소통의 기술이 없으면 절대로 상대의 마음을 얻지 못하고 인정받지 못한다. 그러므로 사람이 살아가는 데 있어서 가장 중요한 것이 소통이다.

미국의 심리학자 에이브러햄 매슬로우는 인간의 욕구단계설에서 "타인에게 인정과 존중을 받으려는 것은 인간의 기본적인 욕구"라고 말했다. 그러다 보니 요즘은 리더의 자질 또한 바뀌고 있다. 과거의 스파르타식 리더나 권위적으로 상담하는 리더의 시대는 지났다. 요즘은 함께 참여하고 공감하며 소통하는 리더가 설득력을 얻고 있다.

　소통에서 가장 중요한 것은 관심과 대화다. 말은 많이 하지만 대화가 부족해서 상대방의 공감을 얻어내지 못한다면 오히려 적만 만들 뿐이다.

　요즘은 혼자 잘난 사람보다 관계에서 소통을 잘하는 리더가 더 인정받는 시대다. 과거처럼 지시하거나 지도하는 게 아니라 상대의 잠재력을 발견하여 그 사람 내부에 존재하고 있는 능력을 끌어내는 방향으로 가고 있기 때문이다. 한 개인의 지성보다 집단 지성이 더 시너지 효과를 낼 수 있기에 함께 공감하면서 소통하는 능력을 키워야 한다.

53.
십자가로 승리하는 새해

2020년 새해가 왔다. 지난 한 해 우리나라는 혼란과 분열로 광장정치가 몸살을 앓던 한 해였다. 과거의 역사를 돌이켜보면 당파싸움에 눈이 먼 정치인들이 나라를 일본에 빼앗겨 우리 국민이 비참한 나날을 보냈었다. 그 증거는 위안부를 보아도 알 수 있고 독립운동을 하다가 목숨을 잃은 선조들을 보아도 알 수 있다. 나라를 잃어버리면 우리는 모두 낭패인 것이다.

로마가 유럽을 제패하고 대로마제국이 된 것은 콘스탄틴 황제 때이다. 주후 312년 콘스탄틴은 막강한 군대를 가진 막센티우스와 로마의 티베르 강에서 전쟁하게 되었는데 그곳에서 이기는 자만이 로마와 전 세계를 점령할 수 있었다. 고민에 빠진 황제는 전쟁 막사에서 어떻게 하면 전쟁에서 이길 수 있을까를 생각하는데, 갑자기 십자가에 못 박혀 죽어가는 예수님께서 환상으로 나타나셨다.

주님이 말씀하셨다. "네가 승리하면 이 로마제국을 주님을 믿는 나라로 만들고 너는 주의 종이 되겠느냐?" 그가 대답했다. "이 전쟁에서 이기면 로마제국을 하나님께 바치고 주의 종이 되겠나이다."

예수님께서 말씀하셨다. "십자가로 이겨라." 그는 전쟁에서 투구와 방패 등 모든 곳에 십자가를 그렸다. 마침내 그는 전쟁에서 십자가를 앞세워 대승하게 되었다. 우리 인생의 삶도 영적 전쟁이다. 이 전쟁에서 이기는 길은 오직 예수님의 십자가뿐임을 명심하기 바란다.

54.
인생의 거울

가수 오디션에서 한 심사위원이 이런 이야기를 했다. 노래 부르는 모습을 거울 앞에 비추어 보았을 때 자신의 모습이 이상하게 비치면 안 된다는 것이다. 인생도 거울과 같아서 거울 속에 비친 내 모습이 이상하지 않아야 한다. 그러므로 거울 속에 비친 내 모습의 내면을 먼저 살펴야 한다.

거울은 모든 것을 반사하는 특징을 가지고 있다. 그래서 월리 페이머스 아모스는 "인생은 거울과 같다."라고 했다. 우리의 현재 모습은 과거에 내가 어떻게 살았는지에 대한 결과물이다. 그러므로 내 삶이 성경 말씀에 비추어 보았을 때 이상하지 않아야 한다.

하나님은 우리 인간을 지으실 때 하나님의 형상으로 지으셨다. 그 이유는 우리의 모습을 보고 하나님을 증명하기 위해서이다. 그래서 하나님은 예수님의 피 값을 지급하면서 우리를 하나님의 자녀로 삼으신 것이다. 그러므로 우리는 자신의 신분과 정체성을 확실히 알아야 한다.

그 정체성을 제일 잘 안 사람이 다윗이다. 다윗은 자신이 하나님의 위대한 작품인 것을 알았다. 그래서 누구보다 당당했다. 결국 그는 다스리는 자로서 지도력을 얻게 되었다.

사람마다 자신의 약점이 있다. 그러나 성공한 사람들은 그 약점을 잘 다스려 성공의 발판으로 삼은 자들이다. 그러므로 말씀의 거울에 날마다 나 자신을 비추어 보면서 행복한 마음으로 하나님을 기쁘시게 하는 자들이 되었으면 좋겠다.

55.
나에게 꿈이 있습니다

 고대 그리스의 윤리 사상은 철학적으로 발전했지만, 여전히 노예제도나 여성의 차별을 정당화하지 못했다. 그러나 예수님은 다른 사람의 고통과 슬픔을 함께 나누며 신 앞에 모두가 평등함을 주장했다.

 1964년 노벨 평화상을 받은 흑인인권운동가인 마틴 루터 킹 목사님이 있다. 그는 몽고메리의 침례교회 담임목사로 시무하고 있었다. 당시 미국의 몽고메리 시에는 버스에 흑인과 백인의 자리가 따로 정해져 있었다. 어느 날 백인 남성이 버스에 오르자 운전기사는 로자 파크스라는 한 흑인 여자를 향해 자리를 비켜주라고 소리쳤다. 그런데 이 흑인 여자가 자리를 비켜주지 않아서 인종 분리법으로 체포된 사건이 있었다.

 이 소식을 들은 마틴 루터 킹 목사는 버스 보이콧 성명서를 내걸었다. 흑인과 여성 운동가들은 '버스 안 타기 운동'을 전개했다. 버스회사가 문을 닫아야 할 지경에 이르자 흑인에 대한 탄압은 더욱 심해졌다. 그러나 흑인들은 굴복하지 않았다. 이러한 비폭력 투쟁을 통해 마침내 마틴 루터 킹 목사님은 인종 분리법 위헌 결정을 받아냈다.

몽고메리 시에는 인종차별 없는 버스가 생겨났고 이 운동이 미국 전역에 인종차별법 폐지를 가져왔다. 마틴 루터 킹 목사는 "나에게 꿈이 있습니다"라는 연설에서 하나님은 인간을 공평하게 창조하셨음을 호소했다. "언젠가는 노예의 자녀들과 주인의 자녀들이 형제애로 한 식탁에 앉을 것이며, 손에 손을 잡고 살아갈 것이다. 이것이 나의 꿈이다." 예수님 안에서는 모두가 평등하기 때문이다.

56.
위대한 힘, 어머니!

　미국의 리버티섬에는 '자유의 여신상'이 있다. 이 여신상은 머리에 7개의 대륙을 상징하는 뿔이 달린 왕관을 쓰고 있으며, 오른손에는 세계를 비추는 자유의 빛을 상징하는 횃불을 들고, 왼손에는 1776년 7월 4일이라는 날짜가 새겨진 독립선언서를 들고 있다. 이 작품은 미국의 독립 100주기를 기념하여 프랑스에서 우호증진을 위해 미국에 선물한 작품으로, 정식 명칭은 '세계를 비추는 자유'였다.

　작가 바르톨디는 이 여신상을 조각한 사람이다. 그는 어려서부터 햇살이 잘 비치는 집에서 살았다. 자유를 갈망한 작가 바르톨디는 세계를 비추는 자유를 조각하면서 그 여신의 얼굴을 어떻게 할까 고민했다. 그러다가 생각한 사람이 자신의 어머니였다.

그는 자기 어머니의 모습을 세계를 비추는 자유의 여신상으로 조각했다. 그가 자기 아내를 고를 때도 어머니를 닮은 사람을 선택했다는 일화는 전설처럼 전해지고 있다. 자유를 비추는 모델이 바로 자신의 어머니였던 것이다.

어머니라는 존재는 자식을 위해 아낌없이 희생하는 존재다. 조건 없는 사랑을 부어주신 예수님처럼 자식이 죽어야 할 자리에 대신 뛰어들 사람이다. 어머니를 생각하면서 '세계를 비추는 자유'를 갈망한 바르톨디는 결국 미국에 자유의 여신상을 세웠다.

위대한 힘, 어머니! 생각만 해도 가슴이 뭉클해온다.

57.
현대인의 멘토

 세계적으로 영향을 끼친 미래학자 앨빈 토플러가 2016년 6월 29일에 세상을 떠났다. 이 사람은 지식정보혁명을 일으킬 미래를 내다본 예언자이다. 그의 저서인 『미래의 충격』이나 『부의 미래』, 『제3의 물결』은 인류사회의 흐름을 예측했다. 그가 예언한 대표적인 것들이 유전자 복제, 개인용 컴퓨터 보급, 인터넷 발명, 재택근무 등이다.

 그는 이와 같은 일들을 예언함으로써 전 세계 지도자들의 멘토가 되었다. 중국의 개혁파인 자오쯔양 중국 공산당 총서기도 앨빈 토플러의 『제3의 물결』을 읽고 중국경제 개혁 프로그램을 구상했고, 고르바초프 전 소련 대통령도 그의 조언을 들었다.

 그는 미래사회와 인간에 대한 낙관과 애정으로, "돈을 넘어선 더 큰 가치가 있다는 사실을 염두에 두라."라고 말하면서 "미래를 지배하는 힘은 읽고 생각하며 소통하는 능력"이라고 말했다.

사람은 감정의 동물이기에 어떤 사람에게 감동하면 그 사람을 존경하게 된다. 회사에서도 직위는 사람의 몸을 움직이지만, 인격은 사람의 마음을 움직인다. 그리고 사람의 마음을 움직이는 자는 지도자의 자질을 갖춘 자로서 많은 사람의 멘토가 된다.

그러나 이러한 멘토도 사람일 경우는 영원하지가 않다. 언젠가는 우리 곁을 떠나기 때문이다. 우리의 멘토는 어제나 오늘이나 영원토록 동일하신 예수님이 되어야 한다(히 13:8).

58.
신앙교육의 필요성

 사람이 사람답게 살아가는 데 필요한 것이 교육이다. 마찬가지로 신앙인답게 살아가는 데 필요한 것 또한 신앙교육이다. 언제부터인가 우리나라 교육에서 윤리나 도덕이라는 과목이 없어지고 정서 함양을 위한 음악이나 체육 과목도 사라지고 있다.

 교육은 백년대계라고 할 만큼 먼 장래를 내다보고 세우는 큰 계획이 되어야 한다. 그러나 입시 위주의 교육이 교실 붕괴를 가져오면서 인성교육이 사라져 버렸다. 인성을 쌓아야 할 유치원 교육마저 영어를 배우는 시간으로 바뀐 신기한 나라가 되어버렸다. 고학력 졸업에 석박사 학위를 가지고도 백수로 지내야만 하는 웃지 못할 세상에 우리가 살고 있다.

 성경을 통해서 볼 때 하나님께서 사람을 창조하시고 가장 먼저 하신 일이 사람에게 복 주신 일이요(창 1:28), 그다음에 하신 일이 교육이다. 창세기 2장 17절에 보면 하나님께서 "선악을 알게 하는 나무의 열매는 먹지 말라 네가 먹는 날에는 반드시 죽으리라"고 말씀하셨다. 하나님은 왜 교육을 중요시하셨는가? 그 이유는 사람이 사람답게 살게 하기 위해서다.

세종대왕이 훈민정음 28자를 만든 이유는 자기 백성이 글을 몰라서 무지함 때문에 당하는 억울함을 풀어주기 위한 것이었다. 그만큼 교육은 삶의 질을 높이는 나침반이 되기도 한다. 사람에게는 해야 할 일과 하지 말아야 할 일이 있다. 이것을 구분하면서 살아야 삶이 평안해진다. 마찬가지로 신앙생활에서도 해야 할 일과 하지 말아야 할 일을 구분할 줄 아는 사람이 복을 받는 것이다.

59.
자기 관리

 사람이 성공적인 인생을 살기 위해서는 자기 관리를 잘해야 한다. 요즘 뉴스를 보면 유명 연예인이 성폭행이라는 스캔들에 휩싸여 한순간에 명예가 실추되고 인생이 만신창이가 되는 모습을 보게 된다. 그 이유는 순간적인 유혹을 이기지 못하고 자기 관리를 하지 못했기 때문이다. 인생을 살다 보면 순간순간 다가오는 유혹이 있다. 그것이 돈일 수도 있고 명예일 수도 있고 쾌락일 수도 있다. 이 유혹을 이기지 못하면 한순간의 실수 때문에 삶 전체가 만신창이로 변한다. 유혹으로 인한 실패는 어제오늘의 일이 아니다.

 로마 시대의 집정관 안토니우스의 삶을 보아도 그렇다. 안토니우스는 당시 로마의 강력한 지도자였다. 그는 외모 또한 출중했고 은빛 목청을 가진 로마의 웅변가로 알려질 만큼 매력적인 사람이었다.

그는 로마의 가장 중요한 시기에 이집트 원정을 갔다. 그런데 그곳에서 클레오파트라의 유혹을 이기지 못하고 그만 미색에 빠져버렸다. 그는 그곳에서 불륜 관계를 맺음으로써 세상에서 지도자로서의 명예와 권력뿐 아니라 생명까지 잃어버리고 말았다. 순간적인 육신의 정욕과 쾌락을 이기지 못한 결과였다.

우리는 매일의 삶 속에서 말씀과 기도로 자신을 관리해야 한다. 나를 넘어뜨리려고 오는 유혹을 기도와 말씀으로 물리쳐야 한다. 자신을 잘 관리하고 승리하는 자만이 인생을 성공적으로 이끌 수 있는 것이다.

60.
서로 다른 삶

사람마다 생김새가 다르고 지문이 다르고 목소리가 다르듯이 모든 사람은 다 다르다. 그렇기에 세상을 살면서 가장 중요한 것이 '다름'을 인정하는 것이다. 부부도 서로 다르다. 아무리 사랑하는 관계라고 할지라도 서로 다름을 인정하지 않을 때 마찰이 생기고 어려움을 겪게 된다.

사람의 가치는 하나님께서 정하시는 것이지 사람이 정하는 것이 아니다. 그러므로 사람은 그 가치에 맞게 살아가게 되어 있다. 다시 말하면 사람마다 서로 다른 십자가를 지고 산다는 것이다. 자신이 지은 죄의 대가로 지고 있는 십자가가 있고, 누군가의 질투의 대상이 되어서 지는 십자가도 있다.

그러나 선과 악을 판단하는 것은 주님의 권한이기에 내가 판단하는 것이 아니다. 우리는 그저 하나님이 창조하신 목적에 따라 살아가면 된다. 마음을 비우면서 살아야 한다. "심령이 가난한 자는 복이 있나니 천국이 그들의 것임이요"(마 5:3)라고 예수님께서 말씀하셨다.

중요한 것은 예수님과 동행하면서 정죄 의식에서 자유한 삶을 살아야 한다는 것이다. 세상의 모든 것은 인생을 허무하게 만들 뿐, 결국은 헛된 것이기에 예수님과 함께 자화상을 바꿔야 한다. 다시 말하면 무의미를 극복할 수 있는 믿음을 가져야 한다. 모든 사람은 자기가 잘하는 것이 있다. 그것을 찾아내서 잘 계발하면서 하나님의 영광을 위해 살아가야 한다. 그럴 때 우리는 서로 다른 가운데서도 행복한 삶을 살게 될 것이다.

내게
능력 주시는 자 안에서
내가 모든 것을
할 수 있느니라

4부

▼

향기를 내뿜는 인생

61.
영향을 주는 사람

세상에는 여러 종류의 사람들이 있다. 귀가 얇아서 다른 사람들의 영향을 쉽게 받는 사람이 있고, 자신이 다른 사람에게 더 영향을 주는 사람이 있다. 성경적으로 어떤 사람이 더 성숙한 사람일까? 물론 영향을 주는 사람이 더 성숙한 사람이다.

그 이유는 예수님께서 우리에게 세상에서 빛과 소금이 되라고 친히 말씀하셨기 때문이다. 빛과 소금은 영향을 받는 물질이 아니라 영향을 주는 물질이다. 어두움이 가득할 때 빛이 들어감으로써 어두움이 물러가고, 아무런 맛이 없는 곳에 소금이 들어가면 맛을 내게 된다. 예수님 믿는 사람들은 세상에서 영향을 받는 사람이 아니라 영향을 주는 사람이 되어야 한다.

17세기 프랑스가 나은 수학자 파스칼은 전자계산기를 발명해서 하루아침에 유명인사가 되었다. 그가 31세에 성공에 취해 있었을 때 그는 향락에 빠져 세상의 영향을 받는 사람이었다. 그러나 그때 그가 하나님을 만났고, 그 후에는 세상에 영향을 주는 사람으로 바뀌었다.

그는 기독교 진리를 호소할 목적으로 글을 썼다. 신이 없는 비참함, 그리고 신과 함께 하는 최고의 행복을 기록했다. 그 명작이 바로 『팡세』다. 그는 이 책을 통해 많은 사람에게 감동을 주었다. 인생의 처음과 나중이 하나님임을 깨달았기에 세상에 영향을 주는 사람이 된 것이다.

62.
사랑의 본질

'슈바이처 효과'라는 말이 있다. 이런 효과는 스포츠 분야에서도 나타나고 있다. 과거에는 운동을 직접 해야만 운동 효과가 나타난다고 생각했다. 그러나 실제로는 운동경기를 보기만 해도 스트레스가 감소하고 면역력이 향상되는 효과가 나타난다는 이론이다.

나눔이나 봉사, 기부도 마찬가지다. 선한 행동을 직접 하지 않더라도 보거나 생각하는 것만으로도 면역력이 높아지는 것을 '슈바이처 효과', 혹은 '마더 테레사 효과'라고 한다.

사람은 자원봉사를 할 때 최고의 정신적 만족감을 느낀다고 한다. 사람의 뇌는 수백억 가지의 사랑의 기능을 가지는데, 육체가 사랑의 기능을 하는 것이 아니라 뇌가 그 기능을 한다. 다시 말하면 정신적 사랑을 느끼기 때문에 정신적 만족감이 있는 것이다.

풀 한 포기, 나무 한 그루의 만물도 사랑하면서 흥분하고 기뻐한다. 식물도 사랑의 엔도르핀이 생성된다. 하나님은 우리의 뇌를 통해 사랑을 느끼고 흥분하며 만물을 사랑할 수 있는 마음을 주셨다.

그러므로 사랑을 멀리서 실천할 필요는 없다. 가장 가까운 곳에 가장 절실하게 사랑을 필요로 하는 가족이 있고 이웃이 있다. 이들에게 무심할 때 많은 문제가 발생한다. 매스컴에서도 사회의 문제성만 보도할 것이 아니라 아름다운 삶의 현장을 더 많이 보도해야 한다. 그것이 '슈바이처 효과'가 되어 사회에 더 좋은 기운을 불러일으킬 것이기 때문이다.

63.
하늘을 믿고 나는 바닷새

신천옹이라고 부르는 바닷새가 있다. 우리나라에서는 나그네새로 알려져 있다. 이 새의 크기는 80~91cm 정도인데, 날개를 펴면 2m 정도나 된다. 이 새의 특징은 새 중에서 크게 장수한다는 것인데, 약 60년을 산다고 한다.

이 새가 다른 새들보다 장수하는 이유는, 날 때 바람에 몸을 맡겨서 99%를 바람의 힘으로 날기 때문이라고 한다. 자신의 날갯짓은 겨우 1% 정도일 만큼 자신을 바람에 전적으로 맡기다 보니 폭풍도 즐길 수 있게 된다. 바람이 불면 자신의 큰 날개가 글라이더가 되어 하늘에서 멋진 연출을 하기도 한다. 그래서 중국에서는 이 새를 '하늘을 믿고 나는 노인'이라는 뜻으로 '신천옹'이라 부르는 것이다.

신앙인의 삶도 이 새처럼 하나님께 자신을 맡기는 태도가 중요하다. 바닷새가 자신을 바람에 맡길 때 하늘을 날며 즐길 수 있는 것처럼 우리 인생도 하나님께 맡길 때 영혼이 자유를 만끽하며 인생을 즐길 수 있게 된다.

그런데 왜 현대인들은 잘 맡기지 못하는가? 그 이유는 자기의 생각이 자신을 붙잡고 있기 때문이다. 자신의 방법이 너무 많아서 하나님을 전적으로 의지하지 못하는 것이다.

시편 37편 5절을 보면 "네 길을 여호와께 맡기라 그를 의지하면 그가 이루시고"라고 말씀한다. 하늘을 믿고 나는 바닷새처럼 '나는 사나 죽으나 주님의 것'임을 고백하고 그를 전적으로 의지하면 우리의 인생은 더 멋진 삶을 연출할 것이다.

64.
은혜를 아는 마음

심성이 까다로운 왕이 입맛에 맞는 음식을 먹기 위해 유명 요리사들을 초청해서 음식을 만들었다. 그중에서 왕은 채소 위주로 만든 한 요리사의 음식을 먹고 흡족해하며 지금껏 먹은 음식 중에 최고라는 찬사를 보냈다. 그리고 그 음식을 만든 요리사에게 상을 주려고 했다.

그런데 그 요리사는 왕에게 이렇게 말했다. "왕이여! 저는 왕께서 맛있게 드신 것만으로도 기쁩니다. 저는 상을 받을 만큼 크게 한 일이 없습니다. 상을 받아야 할 사람은 좋은 재료를 제공해 준 상인입니다."

그래서 왕은 상인을 불렀다. 그리고 그에게 상을 주려고 했다. 그러자 상인이 이렇게 대답했다. "왕이여! 저는 왕께서 이 채소를 맛있게 드신 것만으로도 기쁩니다. 제가 한 일은 채소를 판 일밖에 없으니 상을 주시려면 이 좋은 재료를 재배한 농사꾼에게 주십시오."

왕은 상을 주려고 농부를 불렀다. 왕이 농부에게 상을 내리려고 하자 농부는 이렇게 대답했다. "왕이시여! 제가 씨를 뿌리고 가꾸었지만 날마다 햇빛을 주시고 때마다 비를 내려 주시며 자라게 하신 분은 하나님이십니다. 하나님께 감사해야 합니다."

왕은 감격하고 말았다. 그래서 요리사, 상인, 농부, 모두에게 상을 내렸다. 그리고 왕인 자신이 먹는 음식이 얼마나 많은 사람의 수고로 이루어지는지를 알게 되었다. 또한, 그동안 하나님의 은혜를 깨닫지 못하고 늘 투정만 부린 자신의 부끄러운 모습을 바라보게 되었다. 이것이 하나님의 은혜다.

65.
생명의 선택

'쉰들러 리스트'라는 영화를 보면 주인공 쉰들러가 아우슈비츠 수용소에 끌려간 유대인 중에서 자기의 공장에서 일하던 사람들을 구하기 위해 전 재산을 털어 백방으로 그들을 찾아내는 모습을 볼 수 있다. 그리고 그 사람들의 몸값을 대신 치러서 구출하는 모습을 보게 된다. 그 수용소에 잡혀 와 있던 유대인 전원이 늘어서 있는 가운데 쉰들러 리스트에 적혀 있는 이름들만 한 사람 한 사람 호명되었다.

그들이 살 수 있는 유일한 길은 그에게 호명되는 것뿐이었다. 그렇지 않으면 가스실로 가거나 비누로 만들어지는 비참한 최후를 맞게 되는 것이다.

과거 쉰들러 공장 직원이었던 유대인들은 이 절박한 상황에서 자기 생명을 구하기 위해 할 수 있는 일이 아무것도 없었다. 그들은 그저 쉰들러 리스트에 의해 자기 이름이 불릴 때 한발 한발 나아가기만 하면 죽음에서 구원받을 수 있었다. 쉰들러가 자신의 전 재산을 다 털어 그 생명에 대한 몸값을 다 지급했기 때문이었다.

우리 인간은 매일의 선택 속에서 살아가고 있다. 순간의 선택이 평생을 좌우한다는 말이 있듯이 우리의 마음이 어떤 선택을 하느냐에 따라서 결과가 엄청나게 다르다.

쉰들러처럼 예수님은 우리의 죗값을 이미 지급하셨다. 우리는 예수님의 부르심에 순종하여 나아가기만 하면 된다. 그러면 죽음에서 영생을 얻게 될 뿐 아니라 기적의 주인공이 될 수 있다.

66.
준비된 인생

벤저민 디즈레일리는 "사람이 인생에서 성공하는 비결은 기회가 다가올 때 그것을 받아들일 준비가 되어 있는가, 그렇지 않은가에 달려 있다."고 말했다. 우리가 살아가면서 쌓인 모든 것들은 인간 됨됨이의 바탕이 된다. 그러므로 사람은 자신의 인격과 능력을 계발하는 데 많은 시간을 투자해야만 한다. 자신이 원하는 것을 얻었다고 해서 인생이 성공하는 것은 아니다. 그릇이 준비되지 않았을 때는 아무리 좋은 것을 얻었다고 해도 진정한 내 것이 되지 않는다.

복권에 당첨된 대부분의 사람이 몇 년 만에 재산을 다 날리고 인생을 파산으로 몰고 가는 이유는, 백만장자에게 걸맞은 사고방식을 개발하지 못했기 때문이다.

의사는 단돈 만 원을 벌기 위해 이미 수천만 원의 돈과 시간을 투자한 사람들이다. 우리는 인생을 위해 투자하고 준비하는 자들이 되어야 한다.

얼 나이팅게일은 이렇게 말했다. "사람이 5년 동안 같은 주제에 대해 매일 1시간을 투자한다면 반드시 그 주제에 관해 전문가가 될 것이다." 우리는 인생을 살면서 나를 위해 끊임없이 투자하고 나를 귀중히 여기는 법을 배워야 한다.

엘리자베스 퀴블러 로스의 명작 『인생 수업』이나 『상실 수업』이라는 책을 보면, 슬픔의 다섯 단계인 부정, 분노, 타협, 절망, 수용조차도 겪고 느끼며 인생을 배워야 한다고 말한다. 성경을 공부하면서 주님과 함께 감정을 공유하고 사랑하는 우리는, 이미 인생을 준비하는 자들이요, 사람답게 사는 법을 준비하는 자들이다.

67.
생명의 빛

빛에는 두 가지가 있다. 태양처럼 빛을 내는 발광체로서의 빛이 있고, 달빛처럼 발광체의 빛이 반사되어서 나오는 빛이 있다. 빛이 없으면 생명체가 살아갈 수가 없다.

성경에서도 천지창조의 시작이 하나님께서 빛을 만드시는 데서 시작된다. "빛이 있으라 하시니 빛이 있었고"(창 1:3). 하나님께서 빛을 창조하신 이유는 한 생명체가 살아가는 데 없어서는 안 될 요소가 빛이기 때문이다.

성경은 "참 빛 곧 세상에 와서 각 사람에게 비추는 빛이 있었나니"(요 1:9)라고 말씀하신다. 예수님을 생명의 빛으로 단정 짓고 이 빛을 세상에 보내셨음을 묘사하고 있다. 빛이 없으면 모든 생명체가 살아갈 수 없듯이 우리는 예수님 없이 살아갈 수 없기 때문이다.

그뿐 아니다. 마태복음 5장 14절에서는 "너희는 세상의 빛이라"고 하심으로써 신자들도 세상의 빛임을 말씀하셨다. 빛이 하는 일은 어둠을 밝히는 일이다. 다시 말하면 세상의 빛이 된 우리는 세상 가운데 뛰어 들어가 어둠을 밝혀야 한다는 것이다.

우리는 교회의 빛이 아니라 세상의 빛임을 명심해야 한다. 세상 가운데서 빛을 비추며 살아야 하는 존재이다. 그러므로 우리는 참 빛 되신 예수님이 없이는 한순간도 살아갈 수 없음을 깨닫고, 빛의 자녀답게 밝고 환하게 살아야겠다.

68.
행복의 정의

 사람들은 모두 다 행복한 삶을 원한다. 그렇다면 우리 인간이 살면서 행복을 느낄 때는 언제일까? 행복에 대한 정의는 사람마다 차이가 있다. 진짜 거지와 스스로 거지처럼 사는 사람의 행복지수는 하늘과 땅 차이다. 사람마다 행복에 대한 가치를 다르게 둔다는 말이다.

 어떤 사람은 행복은 무지개와 같아서 행복만을 추구하면 오히려 역반응을 일으킬 수 있다고 말한다. 무지개란 한 가지 색이 아닌 일곱 가지 색이 조화롭게 이루어졌을 때 아름답게 보이듯, 삶을 조화롭게 사는 것이 중요하다는 의미이다.

 하버드 대학의 탈 벤 샤하르는 "어려움과 고통이 없는 삶이 행복한 삶이 아니라 어려움에 대처하고 극복할 때 행복을 느낄 수 있다."라고 말했다. 그런 의미에서 행복은 결국 의지이고 작은 실천이다.

　영적인 사람은 하나님의 형상이 회복되어 참 기쁨을 누릴 때 가장 큰 행복감을 느낀다. 그 이유는 하나님과 영적 회복이 이루어진 사람의 마음에는 평안함이 주어지기 때문이다.

　반대로 불신자에게는 두려움이 그 사람을 붙잡고 있다. 죽음의 그림자가 도사리고 있기 때문이다. 선악과를 따먹은 인간에게 가장 먼저 찾아온 것도 두려움이었다.

　두려움은 마귀의 마음이요 평안은 하나님의 마음이다. 그래서 인간은 아무리 재산이 많아도 마음의 평안함이 없으면 불행하다. 그러므로 무엇보다 십자가의 은혜로 하나님의 형상이 회복되어야만 한다.

69.
나비의 삶

 이 세상에서 가장 아름다운 삶은 '나비의 삶'인 것 같다. 나비는 예로부터 건강과 부의 상징이 되기도 했다. 그래서인지 한때는 나비장이 유행되어 집마다 나비장을 데코레이션 할 정도로 인기몰이를 한 적이 있다. 항공사 중에서도 나비를 회사의 마크로 홍보하는 회사도 있다.

 항상 아름다운 옷을 입고 꽃을 사랑하는 나비의 삶은 누가 보아도 우아하고 평화롭다. 그의 삶은 자신뿐 아니라 많은 사람에게 꿈과 희망을 준다. 나비는 벌처럼 급하게 날아와 꿀을 얻어가는 것이 아니라 춤을 추듯 사뿐히 내려와 생명 있는 식물들이 더 많은 열매와 씨앗을 얻도록 해 주며 풍요하게 한다.

 꽃은 나비가 앉아 있을 때 더 평화로워 보이고 한 편의 예술이 된다. 꽃은 나무의 가장 아름다운 성기다. 가장 아름답게 피었을 때 나비나 벌이 날아와 수정하는 것이다.

어느덧 2020년도 새해의 달력이 책상을 장식하고 있다. 이 소중한 하루하루를 보내면서 나비처럼 모든 관계와 삶이 아름답게 연결되었으면 좋겠다.

나비의 삶은 상대를 기분 좋게 하는 매력을 가지고 있다. 그래서인지 나비는 조용한 가운데 상대에게 유익을 주는 삶을 살아간다. 사람은 나비와 같은 매력을 가지고 있어야 한다. 조용한 선행이 다른 사람 보기에 우아하고 평화로운 모습으로 비칠 수 있는 것이다.

70.
가짜 인생

사람들은 누구나 명품 인생을 꿈꾼다. 그러다 보니 가짜 스펙이 난무하기도 한다. 천경자의 〈미인도〉가 가짜라고 시끄러웠던 것처럼, 언젠가 렘브란트의 〈자화상〉이 가짜 논란에 휩싸이면서 전문가의 연구 감정에 들어간 적이 있다. 여러 전문가가 분석한 결과, 지금껏 우리가 알고 있었던 〈자화상〉은 렘브란트의 제자가 그린 카피라는 것이 드러났다.

진품은 밑그림이 없는데 카피는 연필로 밑그림이 그려져 있다는 것을 발견해낸 것이다. 사람이 보기에는 너무나 똑같은데 가격으로 따지자면 실로 엄청난 차이를 나타낸다. 명품 가방도 마찬가지다. 사람의 육안으로는 구별할 수 없을 정도로 똑같지만, 카피는 인정받지 못한다.

우리 신앙인도 그렇다. 겉으로 보기에는 너무나 열심히 봉사하고 충성하는 것 같은데 진심이 아닌 가짜가 있다. 이런 사람은 자신의 욕구 충족을 위해 신앙생활을 하므로 작은 바람만 불어도 흔들리며 믿음의 뿌리를 내리지 못한다. 명품은 세월이 가면 갈수록 더 진가를 나타내지만, 가짜는 시간이 지나면서 오류가 눈에 띄는 것이다.

현대인은 잘사는 것보다 바르게 살아야 한다. 예수 그리스도를 본받는 진짜 신앙인이 되어야 한다. 인생에는 지우개가 없다. 그래서 후회 없는 삶을 살아야 한다. 항상 기뻐하고 쉬지 말고 기도하면서 범사에 감사하는 예수 그리스도의 진짜 신앙인이 되었으면 좋겠다.

71.
미래의 거울

 인생을 살면서 가장 중요한 순간이 '오늘'이다. 그만큼 현재가 중요하고 그 가운데 '지금'이 중요하다. 왜냐하면, 오늘의 모습이 곧 나의 미래의 모습이기 때문이다.

 구상의 시 가운데 '가장 사나운 짐승'이라는 시에는 하와이 호놀룰루 동물원에 간 이야기가 있다. 동물들을 차례로 다 구경하고 나면, 마지막에 '가장 사나운 동물'이라고 쓰인 팻말과 함께 큰 거울이 전시되어 있다는 것이다. 즉, 그 거울에 비친 자신의 모습이 그야말로 가장 사나운 동물이 되는 것이다.

 내가 허비하고 있는 오늘이 누군가에게는 가장 맞이하고 싶은 순간이 된다는 사실을 우리는 알아야 한다. 오늘을 어떻게 사느냐가 나의 미래가 어떻게 될 것인지를 볼 수 있는 거울이다. 장미꽃을 보고 싶으면 오늘 장미를 심어야 한다. 마찬가지로 내가 하나님의 축복을 받고 싶으면, '오늘' 그분의 마음을 잘 헤아려 그분이 원하는 삶을 살아야 한다.

일본이나 대만의 대지진 참사를 보면서 무엇을 느꼈는가? 천지 만물을 주관하시는 하나님의 능력 앞에 우리 인간은 두려움으로 떨며 망연자실할 뿐이다. 천지 만물을 주관하시는 분은 오직 하나님 한 분이심을 인정해야 한다.

나에게 주어진 가장 소중한 오늘의 지금, 내가 가장 먼저 해야 할 일은 하나님을 섬기는 일이다. 우리는 그가 만드신 피조물이기에 창조주 되신 하나님을 잘 섬기고 말씀의 거울에 나를 비추어 부끄럽지 않은 삶을 살아야 한다.

72.
바른말과 좋은 말

하나님의 귀한 선물 중에서 사람에게만 준 것이 있다면 '말'이다. 말은 표현하는 사람의 인격을 나타낸다. 마치 좋은 나무에서 좋은 열매를 거두고 나쁜 나무에서 나쁜 열매를 거두는 것과 같은 이치다.

언젠가 TV에서 양파 실험을 했다. 컵에다 물을 붓고 양파를 올린 뒤 "난 네가 좋아. 넌 잘 자랄 거야. 사랑해."라고 좋은 말을 해 준 양파와, "난 네가 싫어. 꼴도 보기 싫어. 죽어버려."라고 저주하면서 나쁜 말을 해 준 양파, 그리고 무관심하게 놔둔 양파가 각각 어떻게 자라는지 시험해 보았다.

그 결과 좋은 말을 해 준 양파는 싱그럽게 잘 자랐지만 나쁜 말을 해 준 양파는 한쪽이 썩어가면서 잘 자라지를 못했고, 무관심하게 두었던 양파는 아예 싹도 틔우지 못한 것을 보았다. 이처럼 말은 사람뿐 아니라 식물에게도 영향을 미친다.

성경에서도 "나무도 좋고 열매도 좋다 하든지 나무도 좋지 않고 열매도 좋지 않다 하든지 하라"(마 12:33)고 말씀하신다. 이것을 보면 말이 그 사람의 인격을 나타내는 것이 분명하다.

그렇지만 반드시 옳은 말이 좋은 말은 아니다. 말은 시의적절하게 사용해야 한다. "경우에 합당한 말은 아로새긴 은 쟁반에 금 사과니라"(잠 25:11)라고 한 것처럼, 시의적절한 말이 상대방의 마음을 움직이기 때문이다. 살리는 말을 해야 한다.

상대방에게 무례히 행치 않는 것 또한 사랑의 뿌리이다. 예수님께서 우리에게 가르치신 교훈은 바른말을 하라는 것이 아니라 사랑하라는 것이다. 이 가르치심을 가슴에 새겨야 한다.

73.
인간의 발달단계

심리학자 에릭 에릭슨은 하버드 대학과 예일 대학에서 일하면서 아동발달에 대한 사회와 문화의 영향에 관심을 가지고 '인간 발달 8단계'를 제시했다.

제1단계(0~1세)는 기본적인 신뢰감과 불안감이 형성되는 시기로, 아이를 부정적으로 다루면 아이는 세상에 대한 공포와 의심을 갖는다. 2단계(1~3세)는 자율성과 수치심과 회의를 느끼는 단계로, 적극적이고 능동적인 신체 활동과 언어사용이 늘어나며, 그렇지 않으면 심한 죄책감을 느낀다. 3단계(3~5세)는 주도성과 죄책감을 느끼는 단계로, 스스로 할 수 있는 것을 허용하고 격려함으로써 자율성을 갖게 해야 한다.

4단계(5~12세)는 지적 호기심과 성취동기에 의해 움직인다. 인정과 격려가 주어지면 성취감이 길러지지만 그렇지 못

할 땐 좌절감과 열등감을 느끼게 된다. 5단계는 청소년기로서 정체감과 정체감의 혼미를 겪게 된다. 자신이 어떤 사람이 될 것인가에 대한 깊은 관심을 갖게 되는데, 이때 자아 정체성이 형성되지 못하면 혼미가 온다.

6단계는 청년기로 친밀감과 고립감을 느끼며, 7단계는 장년기로 사람들과의 관계가 원만하면 생산적인 일과 자녀 양육에 몰두하지만, 그렇지 못하면 자신에게만 몰두하여 정체성이 흔들리게 된다. 8단계는 노년기인데 이때는 절망감을 느끼게 된다. 만약 이때 죽음을 제대로 수용하지 못하면 생에 대한 절망에서 헤매게 된다. 이처럼 에릭 에릭슨은 인간이 8단계를 거쳐 발달하게 된다고 말하는데, 이에 대한 그의 저서 『유년기와 사회』는 최근 정신분석 분야의 고전이 되고 있다.

74.
예수님만이 해답이다

　세상은 빛과 어두움으로 나뉜다. 인류의 조상 아담과 하와는 흙에 속한 자였기에 죄를 이겨내지 못하고 어두움의 자식이 되었다. 그러나 예수님께서는 하늘에 속한 자였기에 죄와 사망을 이겨내고 우리에게 구원의 길을 열어주셨다. 우리가 생명을 유지하는 데 가장 중요한 것은 빛이다. 빛이 없으면 생명 유지가 안 된다. 어떤 실과도 빛이 없으면 열매를 맺을 수 없고, 사람도 빛이 없으면 살아갈 수가 없다.

　그런데 빛이 되신 분이 있다. 바로 예수님께서 이 땅에 빛으로 오셨다. 야고보서 1장 17절을 보면 "온갖 좋은 은사와 온전한 선물이 다 위로부터 빛들의 아버지께로부터 내려오나니"라고 말씀하셨다.

　전해오는 말에 의하면, 마틴 루터가 별이 가득한 하늘 아래서 있는 상록수 나무를 보는데 마치 상록수가 하늘을 향하는 것 같았다고 한다. 그래서 그 나무를 집으로 가져와서 장식을 매달아 소원을 빌었는데, 이것이 트리의 시작이 되었다고 한다. 지금도 독일의 브레멘에 가면 12월에 크리스마스 축제가 열린다. 온갖 수공업자들이 트리 장식을 가지고 나와서 팔면서 예수님 탄생을 축하하고 있다.

지금 우리나라는 어두움이 휘몰아치고 있으며 나라 전체가 우울증에 시달리고 있다. 예수님만이 해답이다. 예수님만이 이 땅에 살리는 영으로 오셔서 생명의 빛이 되어주셨다. 촛불이 아니라 우리 모두의 생명을 비추는 빛을 가슴에 품었으면 좋겠다.

75.
참된 아름다움

 사람은 모두 다 아름다워지기를 원한다. 화장도 짙게 하고 명품 옷이나 가방에 목숨을 걸기도 한다.
 세계 3대 미녀로 알려진 오드리 헵번은 아름다움의 비결에 대해서 이렇게 말했다.
 "아름다운 입술을 갖고 싶다면 친절한 말을 하고, 사랑스러운 눈을 갖고 싶다면 사람들에게서 좋은 점을 보고, 날씬한 몸매를 갖고 싶다면 배고픈 사람과 음식을 나누라."
 이러한 그의 생각은 그가 자신의 삶을 돌아보면서 몸소 깨달은 진리였을 것이다. 유니세프 친선대사로 구호 활동을 아끼지 않았던 그의 아름다움의 비결은 한마디로 휴머니스트로서 선을 행함에 있었다. 사람은 자기의 본분을 다할 때 아름다운 것이지 액세서리나 장식으로 아름다워지지 않는다는 것이다.

연못 속의 커다란 고기는 헤엄치고 있을 때 가장 아름답다. 그러나 물고기가 바닥에 드러누워 있으면 아름답게 보이지 않는다. 학생은 교복을 입고 공부를 열심히 할 때 아름답고, 꽃은 철 따라 피어날 때 아름답다. 학생이 명품 옷을 입고 짙은 화장을 한다고 해서 아름답게 보이지는 않는다.

마찬가지로 우리 그리스도인이 가장 아름다울 때는 신앙생활을 성공적으로 하고 있을 때다. 말씀과 기도로 충만하고 열매 맺는 신앙생활을 통해 입술에 아름다운 찬양이 강물처럼 흘러나올 때 성도는 가장 아름다운 것이다.

76.
스마트한 삶

오늘날 우리는 하나같이 스마트폰을 가지고 있다. 스마트폰이란 무엇인가?

한마디로 똑똑하고 영리한 지능형 휴대전화다. 얼마나 똑똑한지 검색만 하면 모든 것을 가르쳐 준다. 또 얼마나 똑똑한지 잠시라도 스마트폰을 잃어버리면 가족들의 연락처도 기억 못 할 정도로 사람을 바보로 만들고 있다.

나는 스마트폰을 거부하는 한 분을 알고 있다. 사람이 스마트해야 하는데 기계만 스마트하고 사람을 바보로 만드는 전자파 덩어리가 싫다는 것이다. 어쩌면 우리 인간이 똑똑한 인공지능에 백기를 들 날이 올지도 모르겠다.

1800년대 스위스의 실업가요, 은행가인 앙리 뒤낭이라는 사람은 더 많은 부와 명예를 갖기 위해 나폴레옹을 찾아갔다.

그때는 마침 나폴레옹이 전쟁을 위해 이탈리아 북부로 떠난 뒤였다. 그는 나폴레옹을 만나기 위해 전쟁터에 갔다가 비참히 죽어가는 부상병들을 보게 되었다. 치열한 전투 현장에서 죽어가는 젊은이들을 보면서 그는 인생의 의미를 다시 생각하게 되었다. 그리고 그 부상병들을 돌보아 줄 방법을 고심하던 끝에 국제적십자 운동을 하게 되었다.

내가 다른 사람보다 많이 가진 것은 나누기 위해서이다. 배운 사람은 그 배운 것을 사회에 돌려주는 것이 마땅하고, 가진 자는 없는 자와 나누는 것이 바람직하다. 인생에서 스마트한 삶이란 바로 의식을 바르게 갖는 것이다. 누군가를 위해 십자가를 지는 삶이 어쩌면 가장 스마트한 삶인지도 모른다.

77.
눈높이 사랑

　아프리카 성자로 불리는 알베르트 슈바이처 박사는 독일계 프랑스 신학자요, 철학자요, 의사요, 음악가로 잘 알려져 있다. 그는 스트라스부르크 대학에서 교수와 목사로 일했다.

　그는 어느 날 아프리카 흑인들이 질병으로 고생하는데 치료해 줄 의사가 없다는 소식을 듣고 그들을 돕기 위해 의학을 공부해서 의사가 되었다. 그는 1913년에 아프리카, 즉 현재의 가봉 랑바레네에서 온갖 어려움을 이겨내고 병원을 세워 복음을 전했다.

　그는 1, 2차 세계대전 때도 귀국하지 않고 현지 원주민의 진료와 전도 활동을 벌이며 평생을 헌신했다. 또한, 1952년 노벨 평화상을 수상하고 그 수상 상금으로 한센병 환자촌을 건설하여 아프리카인은 물론 전 세계인에게 큰 감동을 주었다.

그의 평소 삶의 철학은 "같아질 수 없으면 사랑이 아니다."라는 것인데, 이는 예수님이 보여 주신 사랑이기도 하다.

  우리와 같아질 수 있는 사랑, 그것이 성육신이요, 복음 전파의 중요한 원리이다. 눈높이를 맞추는 것은 성령의 은혜 속에서만 가능하다. 바울도 말하기를 가난에 처할 줄도 알고 부유에 처할 줄도 알아 그리스도의 사랑을 땅끝까지 전해야 한다고 교훈했다.

78.
향기 나는 사람

사람을 만나다 보면 향기가 나는 사람이 있다. 물론 향수를 뿌려서 나는 향기도 좋지만, 그 사람 자체에서 나는 향기가 있다. 향기는 모든 사람이 좋아한다. 향기를 맡으면 기분이 좋아지고 마음이 편안해지기 때문이다.

숲속에서 호흡할 때 느끼는 솔 향기는 머리까지도 맑게 해 준다. 그뿐 아니라 꽃에서 나는 향기는 사람의 마음을 기쁘게 하고 평화롭게 하기도 한다. 그래서 요즘은 환자에게 향기를 맡게 함으로써 치료하는, '향기 요법'이라는 자연 치료법도 있다.

향기는 냄새가 물체 속에 녹아든 후에 그 물체에서 발산되는 것이다. 죽어가는 사람을 살리는 사향은 사향노루의 몸속에서 채취된다. 사향노루의 수컷 배꼽 뒤쪽에 이 향낭이 있는

데 이 향에 취해 암노루가 유혹당한다고 한다. 그런데 어떤 이유인지는 알 수 없지만 이 사향은 심한 상처를 통해 생성된다고 한다.

우리도 이 세상을 살다 보면 상처투성이가 될 때가 많다. 그러나 그 상처를 통해 다른 사람에게 향기를 낼 수 있다면 그 사람은 진정한 하나님의 자녀일 것이다. 십자가의 고난을 통한 예수 그리스도의 향기가 세계를 변화시키는 것처럼 내 삶을 통해 예수님의 향기가 나와 이웃을 변화시킬 수 있었으면 좋겠다.

79.
최상의 삶

 연못 하나가 있었다. 그 연못은 물이 점점 말라 들어 수위가 점차 낮아지고 있었다. 연못 주변에 사는 주민들은 물이 점점 말라가는데도 그다지 신경을 쓰지 않았다. 연못에 있는 거북이는 헤엄쳐 다닐 정도의 물만 있어도 충분히 행복했기에 그래도 견딜 수 있었다. 오히려 물이 얕아지면 등껍질에 햇볕을 쬐며 즐기면 되었고, 물이 얕아서 물속에 있는 물고기나 벌레들을 잡아먹기에도 안성맞춤이었다.

 그러나 같은 연못에 사는 개구리는 달랐다. 개구리는 나이를 먹어도 점프하는 게 너무 좋아서 물을 포기할 수 없었다. 그래서 계속 뛰었다. 힘은 없지만, 온몸에 진흙을 묻히면서도 뛰었다. 주어진 운명이라고 포기하지 않고 최상의 삶을 살고 싶은 열망으로 뛰었다.

결국 마을 주민들은 연못의 생태계가 무너지는 것을 보고 물을 대기 시작했다. 나만 괜찮으면 된다는 이기적인 생각으로는 사회를 변화시킬 수 없다. 약한 자의 편에서 세상을 바라볼 수 있어야 한다. 가슴 뛰는 삶을 살아야 한다. 그것이 예수님의 가치관이다.

예수님은 이 땅에 오셔서 항상 세상에서 대접받지 못하는 자의 편에 서셨다. 바리새인이나 서기관 같은 권력자의 편이 아닌, 가난한 자, 병든 자, 세상에서 소외당하는 자의 편에서 그들의 힘이 되어 주셨다. 최상의 삶은 나만 잘사는 게 아니라 함께 잘 사는 삶이기 때문이다.

80.
꿈꾸는 인생

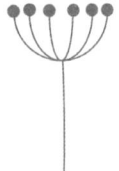

지금 우리나라는 이상하게도 부정적인 말이 난무하고 있다. 지옥 같은 한국이라는 의미로 '헬조선'이라는 말이 생기는가 하면, '금수저'나 '흙수저'란 말이 생기기도 하고, 청년실업이 장기화되면서 '포기 세대'라는 말까지 생겨났다. 그러나 우리가 포기하지 말아야 할 것이 있다. 그것은 꿈이다.

사람마다 살아가는 방식이 있다. 그런데 그에 따라 가장 큰 영향을 받는 것이 그 사람의 꿈이다. 동물이나 곤충도 살아가는 방식이 다 다르다. 동물이나 곤충 중에는 시체만 파먹고 사는 동물이나 곤충이 있는가 하면, 향기 나는 꽃이나 달콤한 과일을 먹고 사는 새나 곤충도 있다. 마찬가지로 우리가 인생을 살아갈 때 어떤 사람은 부정적인 것을 먼저 보고 꿈을 잃어버리는가 하면, 어떤 사람은 긍정적인 것을 보면서 꿈을 꾼다.

빌립보서 2장 13절 말씀을 보면 하나님은 "자기의 기쁘신 뜻을 위하여 너희에게 소원을 두고 행하게" 하신다고 말씀하신다. 하나님은 당신의 기쁘신 뜻을 위해 우리에게 소원을 주시는데 그것이 바로 꿈이다. 하나님은 성령을 통해 지금도 우리에게 먼저 꿈을 심어주시는 것이다.

그러므로 믿음의 사람들은 꿈꾸는 인생을 살아야 한다. 모세가 출애굽을 꿈꾸지 않았다면 이스라엘 백성의 가나안 정복은 없었을 것이다. 하나님은 지금도 당신의 자녀들이 꿈꾸기를 원하신다. 마음이 어두워진 부정적인 사람이 되지 말고 성령의 사람이 되어서 꿈꾸는 인생을 살았으면 좋겠다.

사명선언문

너희가 흠이 없고 순전하여……세상에서 그들 가운데 빛들로
나타내며 생명의 말씀을 밝혀 _ 빌 2:15-16

1. 생명을 담겠습니다
만드는 책에 주님 주신 생명을 담겠습니다.
그 책으로 복음을 선포하겠습니다.

2. 말씀을 밝히겠습니다
생명의 근본은 말씀입니다.
말씀을 밝혀 성도와 교회의 성장을 돕겠습니다.

3. 빛이 되겠습니다
시대와 영혼의 어두움을 밝혀 주님 앞으로 이끄는
빛이 되는 책을 만들겠습니다.

4. 순전히 행하겠습니다
책을 만들고 전하는 일과 경영하는 일에 부끄러움이 없는
정직함으로 행하겠습니다.

5. 끝까지 전파하겠습니다
모든 사람에게, 땅 끝까지, 주님 오시는 그날까지
복음을 전하는 사명을 다하겠습니다.

서점 안내

광화문점	서울시 종로구 새문안로 69 구세군회관 1층 02)737-2288 / 02)737-4623(F)
강남점	서울시 서초구 신반포로 177 반포쇼핑타운 3동 2층 02)595-1211 / 02)595-3549(F)
구로점	서울시 동작구 시흥대로 602, 3층 302호 02)858-8744 / 02)838-0653(F)
노원점	서울시 노원구 동일로 1366 삼봉빌딩 지하 1층 02)938-7979 / 02)3391-6169(F)
분당점	경기도 성남시 분당구 황새울로 315 대현빌딩 3층 031)707-5566 / 031)707-4999(F)
일산점	경기도 고양시 일산서구 중앙로 1391 레이크타운 지하 1층 031)916-8787 / 031)916-8788(F)
의정부점	경기도 의정부시 청사로47번길 12 성산타워 3층 031)845-0600 / 031)852-6930(F)

인터넷서점 www.lifebook.co.kr